刘亚丽 ◎ 主编

我们的教育故事

北京八中京西附属小学

中国商业出版社

图书在版编目（CIP）数据

我们的教育故事 / 刘亚丽主编. --北京：中国商业出版社，2018.3

ISBN 978-7-5208-0198-0

Ⅰ.①我… Ⅱ.①刘… Ⅲ.①小学教育-教育工作 Ⅳ.①G62

中国版本图书馆 CIP 数据核字(2018)第 015854 号

责任编辑：朱丽丽

中国商业出版社出版发行
（100053 北京广安门内报国寺 1 号）
010-63180647　www.c-cbook.com
新华书店经销
固安县京平诚乾印刷有限公司

*

880 毫米×1230 毫米　1/32 开　5.75 印张　100 千字
2018 年 4 月第 1 版　2018 年 4 月第 1 次印刷
定价：42 元

****

（如有印装质量问题可更换）

我们的教育故事
编辑委员会

主　编：刘亚丽

编　委：叶红燕　李丽雯　李万军　薛凤仙　石春蕊　龚　飞
　　　　李　婧　王　绚　肖晨曦　田　威　苏彩凤　许　云
　　　　张丽华　白文松　丁奕文　刘亚丽　徐婷婷　张晨梦
　　　　赵殿玺　刘　军　茹建玮　杨正红　邓光艳　安知博
　　　　李振杰　李全来　张春红　殷红忠

前　言

　　如果把小学生比喻成祖国含苞待放的花朵，那么小学老师们则应该被称为辛勤的园丁。如何培育幼苗，如何做好小学生的启蒙教育，是小学老师们面临的一项既光荣又艰巨的任务。他们要不辞劳苦地教授学生们新的知识，引导并发现学生们的兴趣爱好，及时找出学生们存在的各种问题并尽量妥当地帮他们解决，以促使学生们健康快乐地成长。当然，小学老师们在付出心血的同时，也收获了诸多的幸福。

　　本书编辑的是北京八中京西附属小学的老师们根据亲身教学经历撰写的教育故事，记录了他们在教学过程中发生的许多事情。一方面，记录了他们在教育教学实践中的各种工作内容：批改和讲解学生作业，对学生开展思想道德教育，帮助学生树立正确积极的世界观、人生观，促进学生的健康发展，及时发现学生生活中的困难和思想上的问题并在家访中与家长沟通，等等；另一方面，讲述了他们作为一名老师所经历的心路历程。这里面，有对北京八中京西附属小学"博贯中西通古今，闻达内外雅未来"核心价值观的理解，有对学校所开设的三层五类"博雅"课程体系的实践与思考，更有对自己所从事的老师工作的深切热爱与激情。一滴水也能反映出太阳的光辉。这些感

悟看似点点滴滴，却让我们看到了老师们的大爱与亲和力，更体会到有一份责任心在他们的心里。这本书真实地反映了当代小学老师们的精神风貌，具有极大的感人力量和现实教育意义。

　　事实上，小学老师一直受到人们的尊重，随着社会对学生的关注越来越多，更提高了小学老师的社会地位。不管社会如何发展，对学生的教育不会放松，小学老师的工作也将越来越重要。作为小学生的启蒙老师，北京八中京西附属小学的这些老师们对学生今后的成长和人生道路选择必将会产生重要的影响。

刘亚丽

目 录

第一章　课程故事

从"旁听生"到"研究生"　　　　　　　　　　　3
在《蚂蚁部落》里,我与"蚂蚁兵"们共成长　　14
星际航行探究课程——从"零"点起航　　　　21
我的本草情缘　　　　　　　　　　　　　　　31
小树初长成　　　　　　　　　　　　　　　　39
和"拼插远足"一起走过的日子　　　　　　　45
破茧成蝶,我与课程共成长　　　　　　　　　51
探秘花园,开始思维的碰撞　　　　　　　　　61

第二章　教学故事

《雪花飘飘》带来的反思　　　　　　　　　　69
分组的启思　　　　　　　　　　　　　　　　76
和学生一起成长　　　　　　　　　　　　　　81
用老师的人格魅力吸引学生的眼睛　　　　　　87
意外的"精彩"　　　　　　　　　　　　　　92

第三章　教育故事

做一专多能研究型老师　　101
我心永爱　　107
呵护娇嫩的幼苗　　113
把爱注入少先队课　　117
"欲成才，先成人"　　122
爱满天下，水自成溪　　126
承　诺　　131
"小不点"快长大　　136
孩子，我是否该"妥协"　　141

第四章　管理服务故事

身先士卒，敢于担当作表率　　149
让行为铸就教育影响力　　153
服务故事之吃好，看好，心情好　　157
我为一线"保驾护航"　　161
"数字责任"重于泰山　　165
做全能后勤服务保障兵，我随时待命　　168

后　记　　171

第一章 课程故事

第一章 课程故事

从"旁听生"到"研究生"

——叶红燕

相信每个人都有过许许多多的"第一",相信每个人也都为争"第一"付出无数的努力。我来八中京西附小当老师也是为了争个"第一"。有人会问:"50多岁了还争什么?而且还争'第一',不可思议!"是的,确实不可思议,我要争的"第一"是第一个退休。八中京西附小是一所新建学校,第一个退休的老师也将因为这"前无古人"的原因而载入八中京西附小的校史册中。于是,抱着这样一个想当"名人"的想法,我走进了校园,并且以"旁听生"的身份出现在所有我能参加的课程研究活动中。

2015年7月14日,我第一次参加了八中京西附小的培训——

北京教育科学院课程中心的江峰教授主讲的"国家课程校本化实施路径探究"。江峰教授讲的"概念与内涵，我思故我在""试错与突破，我错故我在""路径与探索，我疑故我在"等等，这么多的内容让我一时接受不过来，虽然抱的是"旁听生"的心态，但整整半天的培训，我还是记了两大篇的笔记。没想到更困难的事情还在后面。到了下午，还是这个江峰教授，竟然讲起了"互联沟通你我，网络改变生活"……这么热的天、这么多的内容，我感觉自己的脑袋已经乱作一团了，不过我还是乖乖又记了三大篇笔记。脑中那个乱啊！空啊！有什么可听的？还有两年就要退休了。想想别人的劝说，再看看自己的状态，我甚至感到这样的培训对我已经基本无用了！

接着，就是2015年7月17日，我又去教委参加了北京教育科学院课程与教学中心主任杨德军对北京市义务教育课程设置方案的解读。课程、课程，还是课程！哎，我只剩下两年的在校时间，学校肯定不会安排我再进课堂了，这样的培训与我无关，简直是在浪费时间。

带着这样的想法，我走进了八中京西附小这所还在尘土飞扬，到处是残石碎瓦的校园，开始工作并忙碌起来。接收课桌

第一章 课程故事

椅，属于正常工作；接收文件柜，属于正常工作。可是，当知道自己还要参加课程发布会的时候，我决定先当一名"旁听生"。于是，我开始了螳螂课程的第一次"旁听"……咦，这里的课程挺有意思。一节课"旁听"下来，感觉挺有收获，老师们的思维导图设计得挺好，现在的年轻人真行！渐渐地我热衷于当"旁听生"了：吴亚斌老师的讲座一和讲座二、王凯老师的讲座、朱传世老师的讲座、李群老师的讲座、魏伟妮老师的讲座、PAD讲座、鸿合软件讲座、3D课件制作讲座、课程研讨一、课程研讨二、课程研讨三等等。一次次的旁听，使我对课程设置有了潜移默化的了解，而那些蝴蝶、蚂蚁、瓢虫、螳螂竟然也都被老师们带进了课堂，与学生们一一见面。

我想起了八中京西附小的校训——"学贯中西博古今，闻达内外雅未来"。这样生动有趣的课程，我是如何遇见了你？

遇见——京西附小的刘亚丽校长；

遇见——八中京西附小；

遇见——和谐、充满活力的老师团队；

最后，遇见了你——三层五类"博雅"课程体系。

是的，短短一年时间，历经无数次的教育培训，使我的

理念发生了变化。等待，是700多天退休；再学习，也是700多天退休；继续干下去，也是700多天退休。虽然，对于生命的长度，我们无法控制，但是，对于生命的宽度、生命的高度，我们却是可以自己把握和攀登的。只要不停地努力，生命的面积、生命的容积就会随着生命的宽度和高度的增加而成平方、成立方地扩大。我决定要好好地再干一场。

"大姐，人手不够用了，您帮着带张瑞老师的科教融合课程吧！"

"行！"

一个"行"字带我走进了八中京西附小一年级的课堂；一个"行"字把我从一名"旁听生"引向了"研究生"；一个"行"字带我走进了三层五类"博雅"课程体系。这个课程体系，包括将"语言与交往、数学与实践、科学与技术、艺术与生活、运动与健康"五类课程贯穿于"基础层、拓展层、探究层"三层课程之中，覆盖学生全部校园生活，实现全科育人、全程育人、全员育人和实践育人的最终目的。

我开始和"科技探秘"的老师一起，教学生们认识物理学中神奇的大气压，观察"冷热现象"在生活中的表现形式，教

第一章 课程故事

学生们学习合作探究、自主学习，让学生们在玩中学，尝试把复杂的事情简单化、生活化；我开始和"百变魔绳"的老师一起教学生们学做手指操，认识手指上的穴位，学翻花绳，指导学生们怎么才能用魔绳翻出漂亮的太阳花，把魔绳与生活自理、音乐、美术糅合到一起；我开始走进"拼插远足"的课程中，以拼插为载体，远足为线索，帮助一年级学生建立团队概念，享受中西方文化与博雅课程体系的关系，激发学生喜欢生活中的学科拓展实践课程，加强学科能力、学科素养及知识技能的实践应用能力，开阔他们的国际视野。

吴亚滨老师的思维启蒙课程不再觉得枯燥，王棕楠老师的玩转绘本课程不再觉得无聊。"走进师生"的活动也很有兴趣，我常常走进书法教研活动去听讲，让自己接受中国传统文化经典《大学》《中庸》的熏陶，闲暇散步时我也不忘带上耳机反复收听《大学》的朗读音频，"遨游校"活动因为不能参加也让我倍感遗憾……

今年，我真的重新走进了国家课程的教学。面对35名学生，面对新一轮课改的部编教材，面对一名刚刚入职的大学生和一位刚刚转型的青年老师，我们组成了"三新"小组团队。面对

挑战我迎难而上,不断唤起头脑中的记忆,输入新的信息,增强自己的时代感。小组内我们共同学习课程标准,研读教材、教参,探讨备课中的重点、难点,设计课程教学的过程与方法,共同制作教学课件。同时,我们也一起探讨专门针对学困生的教学方法,注意加强与学生家长们的互动。课上,我是学生们的严师,我的目光会关注到每一个学生,我的提问会针对不同层次的学生,我的鼓励与赞许会更多地倾向于相对弱势的学生。我发出的"学习星"和"纪律星"必须是名副其实的,我不会因为学生想要得星就发星。课下,我又是学生们的益友,有时我会单独找时间为学困生补习,有时我利用课间让学生们汇报读书成果,有时我利用午饭后的时间让学生们读生字卡片,将课堂上的学习内容引入学生们的茶余饭后。就这样,我开始在教学中不断研究教学技巧,努力争做一名"研究生"。而这些学生们,有围着我撒娇的,有围着我叫"姥姥"的,竟然还有依偎在我身边叫我"小叶"的,真是让我哭笑不得。

"爱是人类最美丽的语言",爱自己的学生是人,爱别人的学生是神。我要抓住做人的机会当好神,把从"旁听生"到"研究生"的这一段职业经历走好,珍惜在岗位上与学生们共同生

第一章 课程故事

活的每一天，为学生们打好牢固的知识基础，使自己的职业生涯画上圆满的句号。

这可能是巧合也可能是缘分。要知道，我属虎，参加工作的第一年，我教了一批属牛和属虎的学生。从教36年后，在我即将退休的时候，又教了一批属牛和属虎的学生。我要继续发扬"孺子牛"的精神，力争让我的工作虎虎生风。

500天的国家课程，是由生疏到熟练的过程。未来200天的国家课程，我愿秉承"活到老学到老"的理念，加快知识更新。期待着八中京西附小新一轮培训的召唤！

在八中京西附小，我真的做到了第一个在退休前没有离开教学一线的"第一"。我的选择不仅没有错，而且使走过的这条路变得更宽敞、更明亮了。

称呼我"姥姥"的小妞

起初东倒西歪的学生

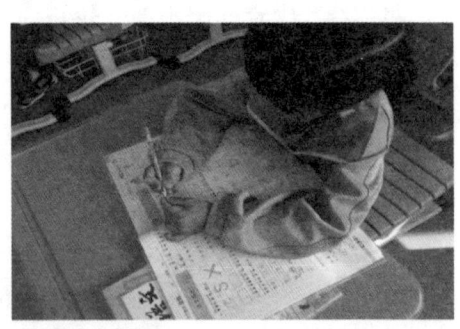

指导学生纠正写字姿势

学生们的写字姿势、坐姿。基本合格了

第一章 课程故事

带领学生参与社会实践

教研组自学

参加各种培训

名师引路教研活动

参加培训活动

第一章 课程故事

走进课堂听课

在《蚂蚁部落》里，我与"蚂蚁兵"们共成长

——李丽雯

基础教育课程体系包括三级课程：国家课程、地方课程、校本课程。国家课程致力于夯实学生的知识基础；地方课程致力于培养学生的兴趣爱好；校本课程则致力于提高学生的各项学习能力。我校作为北京市"遨游计划"试点之一，着重开发校本课程，这也是我校的亮点之一。

2015年6月，是我第一次接触校本课程。当时，刘校长为我介绍了亦庄实验小学的《蚕》的PPT，我浏览后略有启发，然后想尝试开发以服装为主题的课程。总的来说，我的校本课程开发之路可以分为三个阶段。其理论依据是加德纳多元智力

第一章　课程故事

理论，旨在发展学生的六大核心素养（人文底蕴、科学精神、学会学习、健康生活、责任担当、实践创新）。

第一阶段：寻找合适的主题

出于童年时期的爱好，我开发的第一个校本课程，首先就想以"服装"为主题，当时参照贝贝老师的思维导图，我分学科（语文、数学、音乐等）来设计学生们的活动，后来为了贴近学校的课程设置，进一步落实培养目标，我改变主题，选择以昆虫——"蝉"为主题来进行开发。但是在进一步的开发过程中，发现"蝉"这种昆虫给学生们带来的情感、态度、价值观等方面的引导略少，于是我又再次放弃，继续寻找，最终发现"蚂蚁"这类昆虫比较适合当素材。首先，学生们对于它们比较熟悉，便于引导；其次，小蚂蚁也比较常见，组织学生们做实验观察容易开展起来；再次，小蚂蚁有团结协作、辛勤工作等品质，便于老师进一步开发教学过程中的引申内容。

第二阶段：实验的《蚂蚁部落》

确立了主题后，我很快完成了课程设计。第一版的《蚂蚁部落》共6个单元，12个课时。6个单元分别为：初识小蚂蚁、走进小蚂蚁、小蚂蚁大力气、探访蚂蚁的城堡、蚂蚁的征途、小蚂蚁与我同行。

课程设计中,我努力让这一课程涵盖多方面的内容:有要学的科学知识,有需要求证的科学实验,有相关绘本的阅读,有展开想象的绘画,还有外出观察,动手粘一粘、捏一捏、剪一剪以及发展学生表演天赋的演一演。在最后一节课,我通过小组知识竞赛的方式回顾了蚂蚁课上所学到的点滴。此外,我给每个"蚂蚁兵"制作了个人档案,留存课程资料和学案。

12个课时的内容丰富,涵盖面较全,"蚂蚁兵"们的收获也颇丰,如了解了蚂蚁的身体结构及各部分功能、蚂蚁的习性、住所、本领以及一些其他拓展的知识,激发了他们继续探究蚂蚁或者其他昆虫的欲望。这么一轮课下来,"蚂蚁兵"们从对小蚂蚁外形的害怕到喜欢上了蚂蚁。我随机提问他们,发现他们即使没有刻意去记忆,也能够说出关于蚂蚁知识的一部分,还有很多学生开始喜欢阅读蚂蚁乃至其他昆虫的书籍。总之,小蚂蚁的校本课程为一年级的小豆豆们打开了生命科学课程的第一扇门。

当然,初为人师的我和初为小学生的"蚂蚁兵"们,在上课过程中也出现过种种不足,总结起来,大致有以下几个原因。第一,课程设计前没有考虑到学生的实际接受水平与知识深浅之间的联系,预设的内容远超出实际课堂生成的内容。也就是说预设的知

第一章　课程故事

识多了，并且每节课实际生成的内容也比较多，挤占了有限的上课时间。第二，事先设计的话剧表演，由于种种原因导致最后并没有按计划去实践，其中与学生太小，表演能力优劣相差悬殊以及老师没有戏剧指导方面的经验等因素有关。第三，有些预设的实验并没有按计划进行。这主要与蚂蚁好动有一定关系，同时还与学生们年龄小，不能灵活地进行小组合作学习有关。

上完实验的《蚂蚁部落》课程，我总结之后认为：应该将这个课程和其他昆虫课程进行整合，大家共同上一节课或者按四季的自然顺序上课；可以一同外出寻找、观察，说一说、写一写、画一画；螳螂、蚂蚁等昆虫课程大同小异，建议以后可以归为一类课，如"昆虫王国"。而学生们则提出了许多好奇的问题，其中有的学生提出：因为蚂蚁的触角有平衡作用，如果剪掉一只触角，它走路还会平稳吗？还有的学生提出：因为蚂蚁是杂食动物，世界上有没有一种吃金属的蚂蚁呢？这两个问题既是学生们又是老师们以后要解决的问题。

第三阶段：改良的《蚂蚁部落》

第二版的《蚂蚁部落》共 4 个板块，4 个课时。4 个板块内容为蚂蚁的成长与捕食、小生命与大智慧、天南地北的蚁族、蚂蚁

城堡的秘密。4个课时的内容建立在第一版校本课程内容的基础上,择其精华而凝聚之,涵盖了基本的知识、实验、绘本、动手艺术、价值观的引导等方面,主题更加鲜明,非常具有蚂蚁课程的特点。

在吸取了上学期的教学经验基础上,这门课最终和蝴蝶、瓢虫的昆虫课程并列而上。有三批学生们在短时间内上到了三种昆虫的课程,高效并且有重点,同时也给学生留下了探究其他昆虫的空白。经过一学期的接触,一年级的小豆豆们亲切地称呼我们为"蚂蚁老师""瓢虫老师"和"蝴蝶老师"。

上完蚂蚁课程后,学生们的变化也很多。每次上课前,学生们都能准确记住上课时间,主动提前排好队,非常期待上课。一上课,他们都会积极主动地询问这节课学什么,求知欲和好奇心非常强。这些学生中,有一个小女孩,她叫郝蕴涵,第一次上蚂蚁的课时,她是个内向、话不多的学生,上到后边几节课,她已经会主动组织本班学生站好队,特别热情地和老师打招呼了,同时课堂上也积极回答问题,尽管有时候回答得不正确,但是能明显看出来她的自信心得到了提高,而且她对昆虫的兴趣也在逐渐增加。还有一个学生,他叫朱耀杰,第一次上课,我就发现他是

第一章 课程故事

个好动，回答问题不举手，随意说话的学生，我便注重对他习惯的培养。在课堂上创造发言机会的同时，向他提要求，比如身体坐直、要发言先举手等。由于他掌握的知识比较多，因此课堂上他表现得很活跃，而且在习惯慢慢趋于归正后表现得更加突出、优秀。在蚂蚁课上，学生们比较喜欢需要动手的内容，比如在听完故事《寄来寄去的蚂蚁》后，学生们在我的引导下一点点将故事内容画下来，其中孙艺铭、高寒等学生的想象力和创造能力表现得都很强。后来借着故事和绘本，很多学生还会把完整的故事讲下来，这样他们的语言组织能力又得到了锻炼。

我现在还在努力一点点改进这门课程，希望这门以生命为主题的昆虫课越来越精炼，越来越契合学生们的兴趣，更希望他们由此开启探究昆虫科学的第一道门。

最后，感谢刘校长、李群老师、吴亚滨老师、齐晓梅老师以及学校校本课程开发的第一梯队的成员们。《蚂蚁部落》从确定主题，到后来有了一些参考书籍，有了几件教具，再到后来有了完整的雏形，直至最后形成一节节生动的课堂，大家始终是在一轮轮否定与肯定的反复研讨中前进着。虽然到目前为止，这个课程显得还不是很完美，甚至在一年级下学期学生们自主选课时，

由于选课学生数量少而被"毙",但是我获得了一批又一批学生的喜欢,同时学习开发课程的过程也让我难忘,作为一名新老师,这些都让我成长和收获了许多。

第一章 课程故事

星际航行探究课程——从"零"点起航

——李万军

怀着一种向往和忐忑的心情,我来到八中京西附小,担任一门新的课程——"星际航行"的教授与开发工作。这门新的课程对于我来讲,既是一种挑战也是一种新的发展机遇。作为一个有 20 多年教龄的老师,对于自己的教学难免有种职业倦怠感,但是这个新的课程又再次调动起了我的职业动力,让我有了一种新的努力方向和挑战的欲望。

我们学校虽然是一所新建校,但是我们建成了全市唯一的航天体验教室。对于航天,老实说,一开始我了解的也只是一些很肤浅的航天知识而已,所以它对于我来说就是一个

完全陌生的领域。那么，我该从哪里做起呢？

一、最初的尝试以我的失败而告终

我依据八中京西附小的办学理念和办学思路，学习了有关文件，参加相关的培训，制定了星际航行的课程开发纲要，编写了本课程的课程目标。然后，我依据纲要和目标开始上网搜索，在网上买了20多本有关航天的书籍来整理有关航天的知识，开始编写教学设计。常言道"要给学生一杯水，老师就要有一桶水"。为了弥补自己对航天知识缺乏这个短板，我在这方面投入的精力、花费的时间是无法计算的，利用了平时每一个周六日和其他休息时间来补充我的知识量，最后完成了"星际航行"课程教材设计的初步编写工作。

最初，我满怀信心地来到课堂，看到学生们那一双双放着亮光期待的眼睛，我知道这是缘于航天的魅力。尽管学生们对于航天这样的课程并不了解，但是他们一听到"航天"这两个字就充满了无限的兴趣，这也让我信心倍增。但是后来的事情让我感觉自己仿佛一下子就掉进了深渊。我给一年级的学生们讲起航天和航空的区别，讲起宇宙中有什么，讲起宇宙是怎么产生的，等等。学生们连航天的基本知识都不懂，因为感兴趣，

第一章 课程故事

所以他们竭尽全力来听我讲课。然而，从他们疑惑的眼神中我看得出，他们什么也没有听懂。因为我们是两节课连排，当看到学生们上完课后带着那种疑惑和失望的眼神离开教室时，我感觉到自己这节课上得太失败了。

二、在反思中不断修改

课下我进行了认真的反思：现在的学生们不具备航天知识，就像我之前一样。我作为一个成年人，可以通过看书、自己学习或是听别人讲解来获取知识，但是对于一年级的学生来讲，这不符合学生的身心发展规律。一年级学生的注意力只有15分钟左右，但是他们因为"航天"这两个字而喜欢这门课，能够坚持上完一整节的课已经非常不错了。我结合学生们的年龄特点和生理特点，重新调整了我的教学方式。在第二周的航天课上，我把教室里的航天模型放在课程中展示，并加入了一些小游戏。内容方面我增加了一节"地月系"的知识，主要讲解了一些地球和月球的相关知识，为了让学生能够更加清晰地理解和掌握，我在网上下载了有关"地月系"的动画视频，并且设计了一个小游戏，让学生们分别扮演地球和月球，一个学生当地球，一个学生当月球，让扮演月球的学生绕着扮演地球的学生转。在

此基础上,再让学生自己转,由此让他们体验地球与月球的关系。这个小游戏让学生们玩得非常开心,而且在学生玩的过程中充分理解了什么是自传,什么是公转。这节课上完后,学生们的兴趣明显更高了,下课后一直在问我下节课上什么。

我在这节课中重新找回了自信。我了解到:在我的课上,学生们除了对"航天"知识感兴趣外,他们还喜欢动手并亲自参与实践活动。所以在接下来的几节课中,我都采用这些方法来讲。

一个学期下来,我的课程设置如表1所示:

表1 第一学期课程安排表

课程内容与安排	课程内容与安排
第一章	第二章
第一节:宇宙	第一节:月球科幻画
第二节:长征号运载火箭家族	第二节:探索月球——嫦娥奔月
第三节:长征六号科幻画	第三节:嫦娥号——嫦娥一号、二号、三号、四号、五号
第四节:长征号运载火箭——长征-2F	第四节:嫦娥三号与"宠物"玉兔号月球车
第五节:长征-2F组装、运输、发射	第五节:探月科幻画
第六节:火箭模型制作与发射	

第一章 课程故事

三、在调整中逐渐成长

就这样，我一边教学一边不断调整、改进自己的课程内容。经过一个学期的实践，我反思自己制订的课程内容以及课时安排，感觉没有连贯性和系统性。于是，我又重新审视课程内容：是否符合学校的办学理念？是否适应低年级学生的年龄特点？是否能够引导学生向进一步的纵深发展？后来，通过吴教授的课程讲座学习，我吸取了很多营养，初步明白了一门课程应该具备哪些方面。于是利用假期又反复修改自己的课程内容和课时安排，这一次修改几乎是把原来的安排全部打乱。重新梳理、编排的过程我觉得自己成长了很多，过程是艰苦的，但是自己也在不断地反思、修改、编写的过程中逐渐进步、成长起来，这种磨炼过程也把我内心沉寂已久的那份激情重新调动起来。

新的学期，因为有很多学生对"星际航行"课程感兴趣，我又增加了一个班级。这对于我来讲既是一个挑战，也是重新探究自己课程的过程。而且当时我们学校在新课改背景下提出了学科整合的指导意见，根据这些变化，我决定在原来的班级里继续探索新的内容，新的班级则重新验证我的调整。

在新学期的学习中，我吸取了原来的教学经验，在教学中

增加了部分内容。一是知识问答。上节课讲过的内容本节课采用知识闯关的形式检验学生们掌握的情况。二是模型演示。学生们对于航天模型有很大的兴趣,我结合这点在课上让学生近距离观察,用手抚摸、研究,再加上老师的讲解,学生的兴趣更高了。因为一年级学生在视觉和触觉上比较敏感,相比老师单调地讲解接受得更快,课堂气氛也比较活跃。让学生们在探究中自己获取知识,而他们也开始自主地参与到学习中来。在讲《长征-2F火箭》这一节时,我把火箭模型放在学生们面前,先让他们观察,并让他们拿在手里近距离观察和抚摸后,让他们提出想知道的问题。这时学生们的问题来了:"老师,这是火箭的什么部分,它是干什么的?""老师,那是什么?有什么作用?"这时,我再开始对火箭的构造逐一进行讲解,学生们听得非常认真,而且印象深刻。三是增添绘画内容。小学生对画画非常感兴趣,我作为一名美术老师有这样的先决条件,让学生在航天课程中不但学习航天的科学知识,同时也培养了学生的绘画能力。

经过不断地学习和不断地调整,我重新对"星际航行"课程内容加以改进见表2、表3、表4:

第一章 课程故事

表2 星际航行探究型课程内容安排(第一学期)

章	节	课时	教室	教具准备
第一章：宇宙的诞生	第一节：宇宙的形成	2	航天1	PPT、视频、作业卡
	第二节：太阳系	2	航天1	PPT、视频、太空立体书、太阳系模型
	第三节：太空中的地球	2	航天1	PPT、相关视频
	第四节：我眼中的地球	2	航天1	PPT、学生绘画作品、彩笔、油画棒、素描纸
第二章：中国火箭家族	第一节：中国古人飞天梦与现代火箭家族	2	航天1	PPT、万户飞天视频、火箭模型（CZ2F）
	第二节：长征号运载火箭家族	2	航天体验	PPT、火箭模型（CZ2F、CZ5）火箭工厂
	第三节：长征六号及科幻画	2	航天1	PPT、长征六号视频（2015年9月20）学生绘画作品、素描纸、彩笔
	第四节：长征号运载火箭——长征-2F	2	航天体验	PPT、神州五号飞船、火箭工厂
	第五节：长征—2F组装、发射	2	航天体验	PPT、模拟火箭发射系统
	第六节：制作纸火箭	2	航天1	作业卡、长征-2F火箭模型、双面胶、剪刀、塑料泡沫、PVC管、火箭发射器
	第七节：长征七号火箭	2	航天1	作业卡、PPT、有关长征七号发射视频
	第八节：神州十一号	2	航天1	作业卡、PPT

表3 星际航行探究型课程内容安排(第二学期)

章	节	课时	教室	教具准备
第三章：中国探月梦想	第一节：月球	2	航天1	PPT、作业卡
	第二节：探索月球——嫦娥奔月	2	航天1	PPT、嫦娥奔月神话故事视频、素描纸、彩笔
	第三节：中国探月计划——嫦娥号	2	航天1	PPT
	第四节：嫦娥三号与"宠物"玉兔号月球车	2	航天1	PPT、嫦娥三号和玉兔号模型、视频
	第五节：探月科幻画	2	航天1	学生作品、素描纸、彩笔
第四章：中国的"空间站"	第一节：天宫一号目标飞行器	2	航天1	PPT、视频
	第二节：神州号飞船	2	航天体验	PPT、视频、返回舱模型
	第三节：太空空间站，天宫一号与神州飞船	2	航天1	PPT、天宫一号与神州飞船对接模型
	第四节：神州十一号	2	航天1	PPT、作业卡、视频
	第五节：天宫二号	2	航天1	PPT、作业卡、视频
	第六节：太空空间站科幻画	2	航天1	PPT、素描纸、彩笔
	第七节：参观航天博物馆	2	航天博物馆	

第一章 课程故事

表4 星际航行探究型课程内容安排(第三学期)

章	节	课时	教室	教具准备
第五章：太空工作者——宇航员	第一节：什么是宇航员	2	航天1	PPT、任务卡
	第二节：宇航员的选拔	2	航天1	PPT、《小牛顿科学馆〈航天飞机与宇航员〉》
	第三节：宇航员的生命保障——航天服	2	航天1	PPT、《小牛顿科学馆〈航天飞机与宇航员〉》
	第四节：设计自己的宇航服	2	航天1	PPT、素描纸、彩笔
	第五节：宇航员的太空生活	2	航天1	PPT、《小牛顿科学馆〈航天飞机与宇航员〉》、视频
	第六节：太空行走	2	航天1	PPT、视频
第六章：太空通信	第一节：中国古代通讯	2	航天1	PPT
	第二节：现代通讯发展制作土电话	2	航天1	PPT、线绳、牙签、一次性纸杯
	第三节：现代太空通信	2	航天1	PPT
	第四节：太空通讯科幻画	2	航天1	PPT、学生作品、素描纸、彩笔

四、在研究中不断思考

经过三个学期的实践,我开发的课程已具备基本雏形,但还需要不断地调整修改,不断地检验论证。我的课程如何再往前发展?向哪个方向发展?这又是一个新的问题、新的研究内容。然后,我又将会陷入一次次的知识空白、学习研究、新的知识空白、新的学习研究的反复磨炼中,虽然这个过程充满着无数的艰辛,但是也蕴含着极大的快乐。这些已经成为我不断学习的动力,我也因此而不断地前进、不断地成长着。

第一章 课程故事

我的本草情缘

——薛凤仙

"逝者如斯夫,不舍昼夜。"2015年12月的一天,怀揣着对教育事业的一份热忱,我来到了八中京西附小,开始了与刘校长的促膝长谈。可能是由于第一次和一位校长进行面对面交谈的缘故吧,谈话伊始,我的心中就不免有些小小的忐忑。随着谈话的一步步深入,我也逐渐放松下来,对坐在我面前的这位校长渐渐有了些许好感:作为一名校长,她居然能对我这么坦率直白!我开始喜欢她的性格。也许就是心中的这一丝丝好感,让我和这所学校结下了不解之缘。

2016年元旦来临之际,全校都在为迎接建校以来的第一个元旦而忙碌着,刘校长让我和几位有主题课程的年轻老师们一

起准备节目所需的道具。在和他们的交流中，我第一次听到小学还有螳螂课程、蚂蚁课程、蝴蝶课程、瓢虫课程等一些五花八门的课程，这不禁让我这个生物学出身的人感到很诧异。更让我大吃一惊的是，开设这几门昆虫主题课程的老师竟然没有一位是有生物学或相关专业背景的。他们好厉害，居然能够开设这样有趣的课程！我开始有点儿佩服他们。

2016年1月，刘校长给我打电话，问我最近有没有时间，说学校有个学习活动，希望我能参加，可以进一步了解学校的课程。当时正值我硕士答辩结束，我想，既然最近有时间，那我就去学习学习吧！我很庆幸当时自己做出了那个决定，因为正是那一次的参与学习，让我第一次接触到校本课程。虽然我知道三级课程包括国家课程、地方课程、校本课程，但是真正探究起来，究竟什么是国家课程？什么是地方课程？什么是校本课程？这三级课程之间又有什么内在的关系？对于这些，我还是一头雾水的状态。庆幸的是，在那次学习活动中，我似乎找到了答案。在那次活动中，最初是由开设主题课程的几位老师汇报，他们结合这一个学期的教学经验以思维导图的方式对自己的课程结构、框架进行了梳理，进而是专家吴教授对课程的逐一点评以及给出的一些中肯

第一章　课程故事

的建议。原来这些"好玩的课程"是这样开发出来的，这就是探究性课程设计的过程。听完后我好像明白了点什么。与此同时，我也开始在心里问自己：我有能力开发这样的一门课程吗？如果是我，我想要开发一门什么样的课程呢？接下去具体应该怎样去开发呢？

在这之后的一次与刘校长的交谈中，她的一番话令我茅塞顿开：你其实可以结合你自身专业特点去开发课程，比如植物课程、中草药课程。"中草药课程"这个出发点不错，正好我的很多同门师兄弟姐妹还有我的同学们，有很多都是研究中草药和中医的，在专业知识方面，至少他们可以为我指点迷津；并且中草药与我硕士学习期间参与的课题研究也有些联系，在本科学习期间我也曾有过野外实习采集动植物标本的经历。综合考虑以上因素，我想：就这么定了，开发中草药课程！就这样，我和刘校长分享了我的想法。

常言道：想法只是空中楼阁，行动才是坚实的基础。只有想法而没有行动，一切都只能是空谈。带着开设中草药课程的想法，我开始了整天泡在图书馆翻阅各种相关书籍寻找灵感的生活。然而，如何去开发我的课程？我应该围绕哪些内容构建中草药课程

结构？这些仍然是我困惑很久的问题。直到有一天，贝贝老师将她的《遇见螳螂》主题课程的课程开发指南以及思维导图发给我让我参考，才使我的课程设计有了进一步的进展。经过仔细研读之后，我终于进行了初次尝试。

经过两个星期的努力奋战，中草药课程的框架结构逐渐变得清晰起来。我来到学校，刘校长还专门请来了吴教授一起听取我的课程介绍。出乎我意料的是，他们对我的课程不是很满意。吴教授给出了这样的评价：这个课程是参照贝贝老师的课程特点设计的，没有彰显出你自己的特色；总体的课程设计太散，没有一个"灵魂"也就是主题贯穿其中；还有就是，课程内容太多，设计得不是很合理，应该在了解七岁学生的年龄特点和认知特点的基础上，给现在课程内容做减法。

带着吴教授的专业点评，我又开始了对课程的梳理和调整。将其中的主题单元设置为根、茎、叶、花、果实、种子六个主题单元，而单元内容主要是以一些常见的植物学知识为载体进行设计，将草药的功效穿插其中。就这样，在刘校长和吴教授的指导之下，经过一而再、再而三的修改，课程结构终于初具雏形，课程名称确定为"草药奇缘"。

第一章 课程故事

在一次偶然的机会中，我遇到了课程中心的李群老师。在与李群老师交谈的过程中，她对我开发的中草药课程很感兴趣，并主动对我说："你改天把你的中草药课程结构发给我，我帮你看看。"她的这一句话，让我高兴了许久。后来，李群老师看完之后，对我的课程设计提出了她自己的见解，她说："中草药，其实是中华民族的一种传统文化，你应该开拓一下视野，将二者进行一个有机的融合，而不是仅仅停留在植物这一个层面上。你再仔细想一想，如何定位在中华传统文化上？"听到这段话后，我陷入了沉思。是呀！中草药就是我国优秀的传统文化之一，如果从小就在学生们心中埋下中医药文化的种子，进行中医药启蒙教育，那么，何愁在未来的某一天，中医药文化传承的弱化得不到改善呢！我决定按照李群老师的建议，将我的中草药课程与中华传统文化进行整合。接下来，就是需要我凝神苦思的问题了——围绕中华优秀传统文化这个出发点，该如何进行课程的改进呢？思索中，我又一次停下了脚步。

后来，在刘校长的安排下，我跟随着刘军主任一起走进了另一个"遨游计划"试点学校——北京市育才小学，他们的"敬先农爱本草"课程让我耳目一新。后来，李群老师又给我推荐了京

源小学的中草药课程研究报告、北京市中华优秀传统文化教材,帮助我从中去寻求有用的信息。日复一日,在与李群老师的一次次思维碰撞中,我的课程结构得到了进一步优化,将中华汉字寻根文化贯穿其中,从而找到了课程的"灵魂"——呈现中华优秀传统文化的主题。在李群老师、刘校长以及刘军主任的多方帮助与指导之下,"草药奇缘"课程体系终于得以建构,我也长舒了一口气。

完成课程设计之后,就是具体的课程实施了。在暑假期间,刘校长特意找来了12名学生,让我对开学将要开设的"草药奇缘"课程进行了一次试讲。试讲过程中,我发现课程设计暴露出以下问题:部分教学内容太深奥,不符合学生们的认知特点,需要进一步完善;需要注意运用儿童式的语言进行教学。在这次的试讲结束之后,我又对具体的课程内容进行了一些修改,使之更贴近学生们的生活实际,更加符合学生们的认知规律。

2016年9月6日,"草药奇缘"终于和大家见面了。我满怀激动的心情来到中草药教室,准备开始我的第一堂课。心想:学生们肯定很喜欢我这门课,多有意思!不过,理想很丰满,现实却很骨感。当我问到学生们:"你们为什么选择这门课程?

第一章 课程故事

你们知道什么是中草药吗?"学生们的回答让我大跌眼镜。李荞含说:"我不喜欢这门课,我都不知道中草药是什么,我想上航天课程,因为人太多了,我才被分配到这儿的。"黄宇鑫说:"老师,我也不喜欢这门课,我想去公主派对,我可以下节课去那儿上吗?"……听到学生们的这些话,我的心情顿时低落起来。我该怎么办?怎样才能让他们喜欢上这门课呢?算了!不管三七二十一,先上完这节课再说吧。我让他们先观察中草药教室和其他教室的不同,然后带着他们逐一认识教室中的中草药。当我带着他们观察、认识一个个中草药时,我偷偷地看了看学生们的眼睛,没想到,他们居然目不转睛地盯着这些中草药,还时不时地闻一闻、摸一摸,不断地问我各种各样的小问题。我的心情开始变得明朗起来,看来他们不是真的不感兴趣,只是不了解、不明白这门课程是干什么的。

接连上了几周的课之后,我发现学生们的想法也发生了一些改变。在课下,我与他们成为了好朋友。当我再一次问到第一次课上同样的问题时,他们给出的答案让我欣慰不已。谷谦说:"我喜欢中草药这门课,我喜欢炮制,我们下次课什么时候来上啊?"韩青袁说:"老师,我领养的这一棵草药需要浇多少水?我以后

可以每天中午来看它吗?"皮子康说:"老师,我好喜欢你,喜欢你的课。"高宁鹿说:"中草药真了不起,他们的功效真强大!"听到这些的时候,我真心觉得自己的一切付出都是值得的。

慢慢地,学生们开始围绕着自己热爱的中草药,以创编绘本的方式向别人讲述自己的"本草情缘"。皮子康围绕大蒜创作了《大蒜的一天》,谷谦根据华佗和紫苏的故事创作了《紫苏的故事》,高宁鹿则根据陈皮的炮制过程创作了科普题材小短文《陈皮》,韩青袁——一个开朗活泼却不爱画画的小女孩,居然带领我们走进了水果王国,了解了山楂的神奇功效……看到学生们一天天地变化,我对这门课程的后续开发也充满了信心。

第一章 课程故事

小树初长成

——石春蕊

2015年,刚刚走出校园的我又走进了另外一所学校——八中京西附小,从学生到老师,角色发生了转变,挑战也随之而来。学校鼓励老师自主设计、研发探究性校本课程,成长为一专多能的研究型老师。

想到学生们的创造能力、想象能力在常规的教学中不容易被开发,学生们缺少一个充分发挥想象力的平台,所以我就萌生了要开发一门能够让学生自由发挥想象力的课程,"科学创想"课程的萌芽因此产生了。学校考虑到每一位老师的兴趣爱好,给我们提供自由发展的平台,同时又为我们请来专家帮助我们梳理课程,尤其是提供了丰富的教学资源,由此,我的"科学创想"课

程得以不断延续发展。

依据我们学校八个"一"的整体目标，本门课的目标可以概括为三个词语：兴趣、眼界和素养。观察有趣的现象，欣赏神奇的创造活动，培养探索科学的恒久兴趣；体验身边不可思议的科学原理，开阔眼界；培养科学素养，初步掌握按照观察、提问、猜想、验证这个过程进行问题探究。

"科学创想"课程进行到本学期已经是第三期了，它的实施也在不断地改变着。回顾它的一步步发展轨迹，让人倍感欣慰。

一、杂草阶段

"同学们，今天我们学到了些什么？"

"我知道了第一架飞行器。"

"我画了飞机。"

"我用橡皮泥捏了彩色飞机。"

……

学生们纷纷发言，课堂气氛很热烈，这是在刚开发"科学创想"课程时上过的一次课，似乎学生们都收获满满，但我的心里却隐隐觉着不安，因为这堂课给我的感觉似乎只是热闹而已。

刚开始开发这门课时，每上完一次课，我都会问自己：我的

第一章 课程故事

科学目标达到了吗？数学目标达到了吗？语文的呢？这些在我眼里都是重要的衡量指标。可是上过几次课后，我就发现课程上得太散，重点太多反倒没有重点，不但老师抓不住，学生更抓不住。虽然是多学科融合，但也要讲究主次，分清轻重。基于以上的总结，我重新对这门课程进行了定位，确定了这门课的树干——科技，然后以此为中心，让其他各个学科不断向上延展，成长为树枝。由此，这门课也迎来了它的第二个阶段，也就是下面要讲的树干阶段。

二、树干阶段

第一学期的课程设计为 12 周的课时安排。每周一次课，两课时连排。课程设置基本上每两次课围绕一个领域。第一次、第二次课的课程内容为"磁铁的力量"；第三次、第四次课的

课程内容为"光学的奥秘";第五次、第六次课的课程内容为"宇宙的奥秘";第七次、第八次、第九次课的课程内容为"飞行的奥秘";第十次、第十一次课的课程内容为"造纸的奥秘";最后一次课是归纳总结性地将前面涉及的科学知识应用于魔术中,让同学们变身成一个个魔术师。每一个主题讲下来,学生们都兴致勃勃地问我各种各样的问题。每当要展开下一个主题时,都能感觉到学生们对上一个主题的恋恋不舍。有一次谷谦还问我怎样制作上次课用到的动画仪,或者去哪儿可以买到,他要回家继续研究。欣喜的同时我也不得不去面对课程发展之路上产生的又一个问题,就是课程上得很急、很紧,急着完成我设定的一个个主题,急着去抱紧我的树干——科技,而无暇去伸展美术、数学这样的树枝。所以,当刘校长建议我带着这批学生继续向下研究时,我说出了自己的想法。此时,我真切地感受到了学校对老师意愿的尊重,真正地给老师提供了一个实现自己想法的自由的平台。

三、树枝阶段

在一年级下学期,按照拓展其他树枝的想法,我将课程内容缩减为两个主题:磁和太阳系。在《磁力风筝》这一课,张诗景

第一章 课程故事

和谢丰名组成合作小组,一起设计风筝样式,一起按照画、剪、系、粘的顺序动手制作曲别针风筝,一起放风筝,亲自验证磁铁的磁力能隔空对曲别针起作用。就是这样,我领着学生们在紧紧抓住"探究磁铁能隔空吸引"这棵树干的同时,将"设计图案""做事有序"等其他树枝也有条不紊地开展起来。

本学期我更是将课程主题缩减为一个:空气。冬天的北京经常有雾霾来袭,甚至就在我要上课的这一天,空气质量问题也异常严重。但当我走进教室,却发现学生们都没有安静地坐在座位上,而是趴在窗户前,贪婪地观察着窗外,他们的任务就是观察

雾霾来临时大气环境是什么样子,雾霾下的楼房、树木、草地又是什么样子。记得谢丰名的发言:"啊!看着这样灰蒙蒙的天,我心里太不舒服了。"凝重的表情呈现在一个六七岁学生的脸上,通过观察、体会,他们真切地感受了雾霾给自己带来的巨大影响。观察的同时,我还让学生们每人画两幅画,一幅是自己眼中的雾霾天,一幅是自己最喜欢的天气,在这种对比中,他们的内心受到了强烈的情感冲击。主题的深入让我有更多的时间和空间去延伸,课程也变得更加灵活、生动。此外,在本阶段中,课程最大的改变就是材料的选择更接近生活,上课使用的都是学生在生活中随处可见的材料或者物品,这样有利于学生们将课上的兴趣延展到课下,同时也能让他们意识到每一样微不足道的物品只要好好利用都能发挥大作用。

"科学创想"课程的发展之路是漫长而曲折的,会不断地促使我产生不同的思考。这个过程中,有困难、有挫折,有收获也有欣喜,更有学校这个自由的平台来承载这些并提供相应的帮助。发展不能停止,思考也不能停止,因为我的目标和这门课程的目标是一致的,那就是希望它成长为一棵参天大树,一棵以科技为树干,多学科不断向上延展成强劲树枝的参天大树。

第一章 课程故事

和"拼插远足"一起走过的日子

——龚 飞

在 2015 年 6 月,也就是我研究生快毕业的那个时候,我初次接触到主题课程这个新鲜事物。当我首次听说"主题课程"这个词时,感觉懵懵懂懂的,脑中第一个想法就是:这是全国新课程改革的一个新方向,属于进一步优化现阶段课程体系的新生事物。在一年多的时间里,拼插课程研究过程中有太多说不完的故事。简单来说,这个过程大致分为三个阶段:初次尝试阶段、重新编排阶段和基本定型阶段。

和"拼插远足"课程初次相识也是在 2015 年的那个夏天,我依稀记得当时在刘校长办公室里看到放置的若干拼插材料,有中

国地图、动物类、建筑类,在这些材料中,我对于地图情有独钟。我本身是高中文科出身,一看到地图脑海中就自然地不断牵引出高中所学过的知识:世界的著名海峡、东西经纬度、著名的群岛、洋流的走向以及自然带的成因。当时特别感慨,感觉自己再不回忆回忆这些知识就要彻底奉还给当年的老师了。于是,我拿走了中国地图和世界地图,在我的内心,我已经初步规划着要将祖国的大好河山介绍给学生们,希望他们每个人都可以身在学校却心怀天下。在那个炎热的夏天,我们这些老师们一起制作思维导图,写"拼插远足"课程开发纲要,用大家的智慧来联合武装这门课程,暑假育园小学的教室里留下了我们这个当时还没有校舍的集体的身影。

在 2015 年 9 月的开学季,我在教室迎来了第一批拥有稚嫩脸庞的学生们。当时心想着我可要在"拼插远足"的课程上大展身手了。可在我讲内蒙古的自然风情时,当我把那些有趣的蒙古包、赛马还有特色饮食展示给学生们的时候,所有人都心不在焉,耷拉着脑袋,急得我使劲和他们互动也无济于事,课程越讲越没意思,当时我真的感觉好无助,真想让时间过得快点,再快点。课程过半的时候,我拿出事先准备好的拼插材料让学生们以小组为

第一章 课程故事

单位拼插。忽然间，仿佛来了个大反转，课堂氛围"嗡"地一下活跃起来了。这个学生负责看图，那个同学负责拼图，一组一组的学生们全都忙得不亦乐乎！学生们兴致勃勃地进行手工拼插时，我就站在讲台前直愣愣地看着他们。我能理解一个六七岁的小孩对于动手操作的兴趣，但我想不通的是，他们为什么对于我们国家不同的风土人情不感兴趣呢？不是说学生们对于新奇的事物一定很好奇吗？这可是我精心挑选出的他们没有接触过的新鲜事物呀！总之，在我的课堂上我没有发现这种好奇所在。同时，我自己在课堂教学中出现的种种问题也让我困惑不止。静下心来好好想想，一定是自己哪个方面出了问题。在其他老师的帮助下，经过一个学期的课程尝试，我慢慢地明白了我存在的问题：一是知识内容没有有效贯穿于一年级的教学过程中；二是每节课的课程线索不明晰，主题不明确，学生们弄不明白，因而总是将精力放在后半部分的动手环节；三是我在上课的时候，教学策略运用不够自如，无法有效集中学生们的注意力。就这样，初次尝试让我意识到要不断改进这一课程结构。

古语说："知己知彼，百战不殆。"我们放眼看世界，培养中国灵魂，培养世界眼光,首要是知中国。于是,我将视线转到国内,

希望能将大好河山展现给我们的学生。这次我将"拼插远足"课程分为两个部分,一是城市自然人文风光,二是著名建筑的拼插与讲解。通过认识建筑,了解城市生活,学生们在学习的过程中情感也得到进一步的升华,在学知识的过程中轻松地获取所学地域的相关知识。一个学期的教学,我在课堂教学方面积累了些经验,不再是死板地教授知识。记得有一次学习关于中国香港的知识,课堂上我们了解老香港人的生活,讲到著名的中银大厦,大家一起讨论香港人民的生活变迁。课后我在学校楼道里碰见拼插班一个叫梁琪伟的小学生,我当时就突发奇想,想检验检验学习效果,就对他说:"梁琪伟,老师考考你,给你出道题,看你能不能回答上来。"他满心欢喜地答应道:"老师您说吧!"我说:"能给我描述一下老香港人的生活吗?能简单介绍一下中银大厦吗?"对于我的问题他一一给予回答,虽然不是特别全面,但我觉得非常欣慰,他能回答上来,至少说明我在课堂上做的这些努力不是无用功。

  这个学期我们学习了关于北京、上海、中国香港、拉萨的知识,认识了故宫、东方明珠电视塔、中银大厦、布达拉宫。这样从北到南、从东到西,走着走着就走遍了全中国。"拼插远足"课程经过这

第一章　课程故事

一个学期的实践，我又对整个教学成果进行了反思，得出了如下的结论：第一，课程的主题明确了，线索也清楚了，但是在内容上还存在轻重不分的地方；第二，各部分内容的层次结构相互连接不够紧密，过渡得不自然。这些都需要我进一步去改进。

寒来暑往，又是一年。2016年的暑假期间，在刘校长和市级专家齐老师的指导下，我们从学生实际出发分析了"拼插远足"的情况：基于二年级的学生们拼插能力较强，我们对于拼插知识技巧可以做到点到为止，但是对于各地域特点、人文知识的渗透等，这些是学生们理解起来比较困难的方面，用什么样的教学方式引导学生们深入进去才是关键。持续了将近一个暑假的研讨之后，我们终于建立起了内容科学、主题明确、脉络清晰、层次分明的拼插课程体系，形成了一个线索、三个单元、十二个主题的课程结构，明确了课堂教学的三个环节，即博环节、雅环节、博雅合一。

有了理论指导这根定海神针，接下来，对于我来说，具体的课堂教学实施是最关键的一个环节了。在课程教学实施的过程中，刘校长和齐老师通过听评课，不断规范我的课堂组织形式、课堂语言，帮助我优化课堂环节的过渡形式，使我提升了自己的教学水平。现在又通过一学期的磨合，基本上将每节课的"博环节"

的主题锁定,即通过呈现丰富的课程资源,不断开阔学生的眼界,与我校"博贯中西通古今,闻达内外雅未来"的核心价值观相呼应。"雅环节"的拼插实践,学生们积极合作,认真思考,善于观察,敢于探究,一点点地培养学生在实践操作层面的动手能力。"博雅合一"环节,学生们探究着建筑的内部结构,感叹着建筑设计的奇妙,着迷于建筑历史的神秘,达到了培养学生们不断探究建筑本身以及所承载的文化价值的最终目的。

三个学期的教学实践,就这样一路走了过来。感谢刘校长和齐老师的指导,感谢身边同事们的热情鼓励,同时,我也要感谢自己为这门课程付出了很多的努力和汗水。已经记不清有多少个日夜,我独自坐在电脑旁苦苦思索着如何将课程呈现得更好……

一年半的时间在历史的长河中并不长,但如果有故事发生,那么这个时间则显得分外有意义。在这个过程中我一直在思考,一直在实践,只为寻找答案——我当初所设想的到底对还是不对?时间本身就是答案。人的一生,永远都只是在路上。

第一章 课程故事

破茧成蝶，我与课程共成长

——李 婧

随着全国新课程改革的逐步深入，各个学校的校本课程的研究和建设方兴未艾。从还未开学到现在，我们学校发展性课程一直在实践和探索中前进着。想想从六月份起，在教委小幼科办公室的商议、选题，到在育园小学的研讨、试讲，再到今天我们开发的课程在课堂中实践，可以说，我们一直在路上。

与校本课程的初次"遇见"

五六月是大学生们的毕业季，我就是在那个时候进入了八中京西附小。那时我们的学校还是一片工地，第一次遇见校本课程，是在一个办公室里，几套《小牛顿科学馆》的书籍，几个刚刚毕业的年轻人和一位有着自己教育情怀的校长。就这样，我们开始了与校本课程的初次相遇。

在刘校长的办公室，我看到了贝贝老师关于螳螂课程的手写思维导图，刘校长跟我们说了她的想法，那就是希望我们能够开发校本课程。作为一个刚从大学校园走出来的新老师，我对校本课程一知半解，觉得自己根本不能掌控一个开放性如此之大的课程。讲什么？怎么讲？正在我们一头雾水之时，校长请专家帮我们了解课程，还为我们订购了许多关于主题课程的书籍，同时我自己也通过网络和书籍翻阅相关的资料，渐渐理解了校本课程的内涵。

与校本课程的亲密接触

我确定了自己的主题，开始了蝴蝶课程的探索之路。"毛毛虫是怎样变成蝴蝶的？""蝴蝶的翅膀这么轻是怎么飞的？"

第一章 课程故事

当时的我对于蝴蝶也是一知半解,如果学生们向我提出这样的问题,我也一定摸不着头脑,回答不出来。

于是,我们利用入职前的空档开始广泛地搜集资料,通过看书和资料搜集,我又挖掘到了许多可以用在课程中的内容,同时我对蝴蝶的了解也变得更多了。就这样,在确定出全部的内容知识点之后,我们又找到蝴蝶课程与其他课程的融合点,从而确立这门课程的教学目标,并将我们的想法绘制成思维导图再逐步进行梳理,形成最初的课程开发纲要。

从小办公室的讨论,手绘思维导图,到有专家引领梳理课程内容,去粗存精,重新用思维导图软件绘制课程整体框架,再到搜集资料,经过一次次的讨论来确定每次课的内容,绘制每次课的思维导图,最终在7月底我迎来了蝴蝶课程的第一次试讲。校长联系家长找来了即将入学的学生,因为学校尚未完工,我们只好借用了育园小学的教室,就这样蝴蝶课程第一次跟学生们见面了。

在课堂上,学生们的表现令人惊喜。他们喜欢小昆虫,喜欢探索昆虫的知识和奥秘,一个小时的时间,还未入学的一年级"小豆豆"们一直跟随着我探索蝴蝶蜕变的小秘密,并能通

过听《三只蝴蝶的故事》绘制连环画。下课了,"小豆豆"们都不愿意走,问我"老师这个课怎么这么短,什么时候还能再上啊?"看着学生们渴求的眼神,我感觉在课程开发中所感受到的辛苦一扫而光,更加坚定了我要做好蝴蝶课程的决心。

校本课程走入课堂

怀揣着初为人师的激情和憧憬,我想把蝴蝶课程上成开放的、诗意的、实用的、充满童真童趣的、能有实际收获的课程。开学前,我认真地做好教学实施方案,准备好教学材料。为了激发学生们的学习兴趣,把课程上得生动而有内涵,我搜集了大量的资料,购置了绘本、图书。

第一章 课程故事

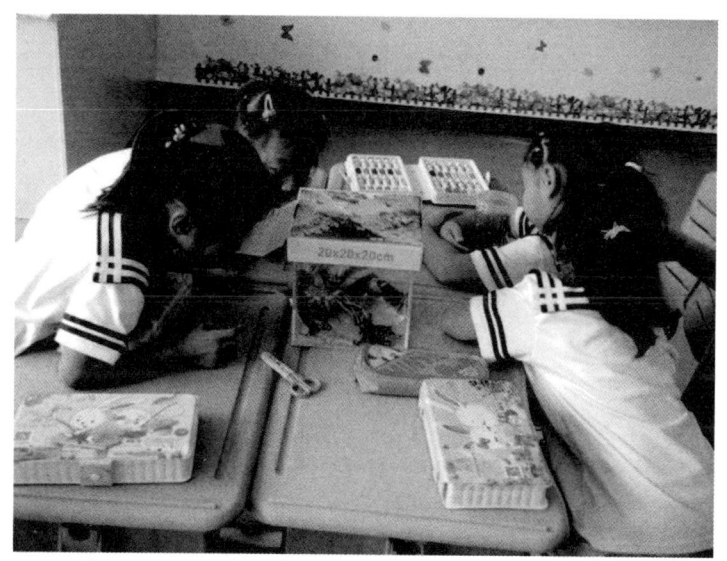

校本课程通过微信选课平台发布,学生们根据兴趣自主报课。开学初,蝴蝶课程终于和学生们正式见面啦!我们一起在课堂上吸取昆虫知识,并深入大自然近距离观察昆虫,在饲养昆虫的过程中感受生命蜕变的神奇。在这一过程中,学生们学会了观察、记录;在蝴蝶破茧成蝶后,通过放飞蝴蝶的活动使学生们更加珍惜生命。一开始学生们看见毛毛虫时都觉得有些恶心,通过了解毛毛虫蜕变成蝴蝶的过程,开始佩服毛毛虫的坚持和勇敢;一开始有的学生听奶奶说蝴蝶就是蛾子,通过观察蝴蝶和蛾子,发现了它们的不同之处。

每堂课的中间或者尾声,我都为学生们设计安排了教学延伸活动,它不仅将课堂气氛推向高潮,还培养了学生们的动手能力。美丽壮阔的大自然是人类生生不息的家园,而生活在其中,生机盎然的动物更是我们最亲近的朋友。了解昆虫能帮助学生们了解大自然,掌握自然界中丰富的科学知识,我要将五彩缤纷的昆虫世界还原给他们看,将神奇的生命奥秘讲解给他们听。在学校的支持、帮助和家长的配合之下,我和丁奕文一起策划了莲石湖探索昆虫足迹之行。学生们眼中的生命往往比

第一章 课程故事

成人更珍贵,我们一起放飞蝴蝶,拯救蝴蝶,在放飞蝴蝶时,大家真切地与蝴蝶道别,他们的那股劲头真让人动容。

校本课程的再次提升

在课程教学实施过程中,我们及时进行总结,不断吸取经验教训,不断开拓、提高、更新。校木课程教研组每周都会组织专家老师听评课,由任教老师进行总结、反思,改进教学中的失误,充实、开发课程新的内容。每节课,我们都要认真收集好有关资料,进行整理归档,放入学生成长袋,以便最后的总结和改进。

虽然课程得到了学生们的喜欢,但是,经过一学年的实践,还有很多地方我觉得不满意,离我心目中的校本课程还差得很

远。这一年下来,觉得自己的课程就和一年中四季的变化一般,从春天的萌发,到夏天如火如荼的进展,到秋天看到学生们收获的欣喜,再到冬天对自己的课程陷入困惑和迷茫:课程缺乏系统的评价机制,主线不明确,涉猎的内容太广,学生们能够真正获得的知识却少了。还有,一个学期都在认识蝴蝶,了解蝴蝶,研究蝴蝶,对于低年级的学生来说,研究深了不好,学得太浅学生们又觉得没有意思。上了一年之后,二年级的学生们继续往后学的话,该何去何从?我又陷入了困境。

接下来的路该怎么走?正值暑假,校长为我们请来了专家,我想该是对这门课程再次梳理的时候了。我与几位昆虫老师商

第一章 课程故事

量：学生们选过一次昆虫类型的课，学生和家长们都希望能多一些类别，不如咱们昆虫课程形成一个大课程，每个人精选出最具代表性的四大主题内容，让选择昆虫课的学生们可以了解到各种昆虫的知识。于是，趁着假期我们继续投入到校本课程的改进工作中，从课程线索、单元板块、单元目标、单元主题、教学流程、教学策略等方面重新梳理课程内容，最后确定了四个主题板块，并在每个板块中通过四步走：一是体验昆虫趣味；二是了解昆虫知识；三是感受昆虫之情；四是阅读昆虫故事。按照这个顺序进行授课，即激趣、获知、生情、绘文。这样经过重新梳理的蝴蝶课程与瓢虫、蚂蚁课程，被一起整合成昆虫

王国课程，又跟新入学的一年级"小豆豆"们见面了。小小的昆虫，培养了低年级学生们的观察力，让他们感受每一个生命的不平凡。这一次，我和学生们都全情投入了昆虫的世界，从中获知，从中给养，从中悟道。

感谢校本课程

感谢我与校本课程的遇见。这是一次美丽的遇见，它给了我一次主动探索、付诸实践的机会；感谢我与校本课程的遇见，它让我和学生们的心走得更近；感谢我与校本课程的遇见，它让我在教学实施的过程中跟学生们共同成长。我愿意带着学生们，在校本课程这条芳香小径上，遇见更多的美好。

第一章 课程故事

探秘花园，开始思维的碰撞

——王 绚

2016年7月，我离开了工作八年的矿区学校，走入八中京西附小这所崭新的校园。拼插远足、智慧屋、螳螂排、公主府……这些不一样的教室名称让我产生了浓浓的兴趣。这是上的什么课呢？为什么会有这样奇特的教室名字呢？就这样，我带着好奇走进了这个神秘的花园。

一、迷路的小羊，寻找方向

开学伊始，我像一只迷路的羔羊，搞不清方向，看不懂这些班级标牌。当我参加了一次课程培训后，我才渐渐熟悉这个神秘花园。学校虽然都是年轻的新老师，但是他们都开发了各

种各样的探究课程。也是从那一刻开始,我开始审视自己,人人都有课程,我又该如何选择呢?

二、探路的小羊,找准位置

由于我还没有开发自己的课程,在学校的安排下我开始尝试思维启蒙。学习之初,我以为思维启蒙就是以前接触过的思维导图。打开教材我才发现,思维启蒙和思维导图的差距还挺大,思维启蒙从开启敏锐的双眼、活跃的头脑开始。

开始尝试思维启蒙课程,从"Yes or No"的环节开始训练学生们的思考和提问能力。猜词游戏通常都是课堂开始的一个高潮,学生们通过提问缩小猜词的范围:"有生命吗?""是动物?""是植物吗?""是交通工具吗?"。在提问的过程中孩子们需要不断在头脑里思考、联想、搜索知识存储的资源,有时候他们提出来的问题会让成年人都感到诧异,这真的是一二年级的学生提出来的问题吗?有一次,提到一种植物,适合夏天生长,在森林里,学生居然会问"是孢子植物吗?""是寄生植物吗?"。像这样的学生还有很多,学生的知识储备情况是我们不太了解的,因此需要给学生们时间和空间,让他们有机会来调动脑海中的知识。

第一章 课程故事

观察力是人类智力结构的重要基础,是思维的起点,是聪明大脑的"眼睛",所以有人说"思维是核心,观察是入门"。著名生物学家达尔文说过:"我既没有突出的理解力,也没有过人的机智,只是在觉察那些稍纵即逝的事物并对其进行精细观察的能力上,我可能在普通人之上。"俄国生物学家巴甫洛夫在他实验室的墙上,写着醒目的几个大字——观察,观察,再观察。没有观察,智力发展就好像树木生长没有土壤、江河湖海没有水源一样,失去了根本。观察力的发展离不开思维的进步,而思维是智力的核心,因而观察是认识的出发点,同时又借助于思维提高来发展优良的观察力。课堂上我利用圆圈图和气泡图培养学生们的联想能力和观察能力,要求他们养成细致观察的习惯,并鼓励他们通过语言进行表达。因此,我也常常告诉他们,要想拥有一个智慧的头脑,就应该勇敢地拓宽视野,敢于观察,善于观察,为自己的智力发展开启一扇明亮的"窗户",为自己的大脑赋予一双"聪明的眼睛"!

三、带头的小羊,发现天地

一个学期的尝试,学生在变化,我也在变化,现在我们就

像一群在花园里到处探秘的羔羊，而我已是学生们的"领头羊"。

我们班中一名身材矮小的男学生，在课堂上很容易被忽略，课堂上从不举手回答问题，当被老师叫起来回答问题时，声音特别小，还有点结巴，没什么自信。课间休息时我却听见他在和其他学生玩游戏时声音特别洪亮，因此在之后的课堂，我有意识地让他回答问题，逐渐锻炼他的胆量，让他在课堂上敢于说话。在课下我主动与他聊天，说我发现他的声音其实特别好听："其实很多同学都想听到你好听的声音，你想在课上让大家听到吗？"他说想。等到他观察到什么的时候，我就让他自信地念出自己的名字，他的声音逐渐洪亮起来，我让他大声地说："高语晨，你观察得真细致！"慢慢的，在课堂上他变得自信了，在我们不断地鼓励和课堂轻松的氛围下，高语晨回答问题的声音洪亮而且非常积极。

像这样的学生还有很多。现在课堂中，学生们都积极踊跃地把自己观察到的内容用各种方式表达出来。二年级的宋远是这群学生中变化最大的一个，他原来在我的数学课上很少发言，成绩平平，但是在我们思维启蒙2112这个班级里却成为了班级里的小明星。记得开学之初的一堂课是填圆圈图，他只喜欢

第一章 课程故事

用画画的方式表达，每次和同组同学表达的内容基本相同，但从水的那一课开始，课前的提问"当提起水、看到水的时候，你能想到什么？"他的思维一下就被打开了，他居然连写带画一口气写了30多个回答。当他给同学们展示的时候就像一个小教授站在台上滔滔不绝。他的想法也激发了其他学生的思维。从这节课后，学生们都特别喜欢思维启蒙，喜欢观察，喜欢联想，喜欢品尝成功的喜悦。

教育家第斯多惠说："教育的艺术不在于传授的本领，而在于激励、唤醒和鼓舞。"因此，老师要善于使用各种语言对学生的发言予以鼓励和肯定。也许一个不经意的鼓励，就会发现在小小的身躯里面藏着一颗热情的童心等着我们去培育！

每一个故事的表演者都是我的学生们和我，其中我的学生们是主演，导演有时是我，但更多时候是我们之间"思维的碰撞"与学生们"多种形式的表达"。学生们和我每天演绎着不同的故事，在这些故事中，我领悟到教学带给我的启示：一个苹果和另一个苹果交换，彼此各拥有一个苹果；一种思想和另一种思想交换，彼此拥有的是两种思想。老师不能代替学生思考，老师应该充分利用生活中的各种素材，和学生们一起享受思维碰撞的快乐，

开启大脑联想、用眼观察、尽情表达的新天地,尽可能让学生们在这样的花园中自己探索、发现,因为他们其实都有一双敏锐观察的眼睛,一个不断发展思维碰撞的大脑!

第二章　教学故事

第二章 教学故事

《雪花飘飘》带来的反思

——肖晨曦

美国教育心理学家波斯纳说:"没有反思的经验是狭隘的经验,至多只能是肤浅的知识。"因此,他提出了老师的成长公式:成长=经验+反思。反思的深度,决定着老师教学所能达到的高度。

本学期,我执教了二年级下学期的美术《雪花飘飘》这一课,它是我在全区的一次亮相课,让我至今仍然记忆犹新。《雪花飘飘》是一堂以折剪为主的手工课。一次要剪出6朵花瓣,它的纸张折叠和剪裁要求对于二年级的学生来说是有一定难度的。在备课过程中,我考虑到剪雪花需要使用"正方形"的纸张,于是我便提前裁好了大小不同的90多张正方形纸。为了让学生们能够更快地学会折剪的方法,我在课堂中将折剪步骤的每一句语言都写在了教案上;同时为了让学生们感受到纸张从正方形到雪花图

案的神奇蜕变，我自己也提前剪好了各种形态的白色雪花，将它们搭配在蓝色的背景下作为板书呈现。为了丰富课堂形式，我计划在学生实践过程中，安排学生们以小组合作的形式进行艺术创作。备完课，我自以为设计得比较完美，却丝毫没有考虑到其中可能会发生的问题。

　　第一次试讲的课堂上，我发现学生们在观看我示范剪纸的时候很认真，因为他们都很好奇：一张小小的正方形纸怎么就能变成美丽的雪花呢？当我将折剪好的纸展开的时候，所有的学生都发出了"哇""好漂亮啊"的惊叹声！当时我心里很有成就感，但是这个成就感并没有持续多久。"肖老师，这里怎么折啊？""肖老师，为什么我剪开这个雪花散架了？""肖老师，他们让我画背景，可是我也想剪雪花……""肖老师，我剪不动啊！"学生们的疑问声陆续地出现了。在学生实践的过程中，我发现有些学生对于折叠的位置和剪的部分以及图案设计都存在问题：折纸时不知道折几次，折的位置在哪里也不明确；小组合作的过程中没有达到合作的目的，导致最终的课堂作业效果不理想。

　　上完课，我及时对我的课堂教学进行了反思。经过教研员和其他老师的点拨，我总结出以下几点。第一，可以利用辅助线来

第二章 教学故事

解决学生不知道如何折的难题。第二，学生实践过程中，没必要一定要按小组合作的形式进行，因为低年级的学生还缺乏小组合作的能力和意识。第三，今天准备的正方形纸张比较硬，折叠三层后太厚，而学生的手劲普遍比较小，剪起来比较费力，下次上课要替换成薄一点的白色纸张。第四，学生在剪的时候会弄不清楚应该剪哪一边，要在课堂上明确折边分为开口边和折线边，在绘制图案的时候要顺着折线边画，剪的时候要从开口边剪，利用阴影线帮助学生明确需要剪掉的部分。第五，作业的呈现方式可以进行改变。比如说，为了体现老师与学生的教学融合，可以将老师的作品与学生的作品共同呈现在一幅大的冬天背景之下，形成一幅大作品，老师需要提前做好背景的准备。总结、反思之后形成的这些新的思路，使我又有了新的动力。

为了在教学过程中展示得更完美，我又精心修改教案，并逐一准备课堂上学生们会用到的学具：正方形大小不同的纸张，画好辅助线；黑色的背景上剪贴出两个可爱的小雪人、几棵枯树、远处微弱灯光的房子、通向远方的小路……一切准备好，我又进行了第二次试讲。

这次的课堂效果总体来说不错，学生基本掌握了雪花的折剪方

法,并且有的学生能够自己设计出不同图案的雪花形状,很有个性。看来,及时的教学反思,能够帮助我解决教学中的难题,正确的教学方法,也让学生们收获了知识和技能。万事俱备,只等待正式讲课的那一天了。

2016年11月11日,全区30多名美术老师聚集在八中京西附小的多功能厅里。随着我的一声"上课",开启了"雪花飘飘"的世界。前面的教学环节都非常顺利、流畅,学生们的思维紧紧跟随着我。我先引导学生感受雪花的美,通过猜谜语一边欣赏美丽的冬天,一起回忆在冬天我们做过的有意思的事情。"打雪仗、堆雪人!"学生们开心地回忆着。

为了让学生们了解雪花的外形特点,我们一起观看雪花视频和照片,学生们都感叹道:"原来这个雪花是由六片花瓣组成的啊!""小雪花太漂亮了!""世界上每一朵雪花的形状都不相同,太神奇了!"我知道,学生们爱上了美丽的小雪花。此时,让学生们跟着我利用画有辅助线的纸张一起折雪花。学生们的一双双眼睛紧紧地盯着屏幕中我的示范动作,生怕错过了什么,这让我的内心兴奋不已。

学会了折,接下来就是设计图案和剪了,我先示范,学生们

第二章 教学故事

认真观看。看完示范他们都迫不及待地要动手了，我也很期待他们的作品。我说："快开始吧，同学们！"于是，这群学生马上开始操作起来。看着他们一个个认真的样子，我觉得很自豪。可是，忽然出现了一些学生急躁的声音："老师，我的剪子剪不了。""老师，我的也是。""老师，我这个也剪不了。"我的脑子里顿时一片空白。我意识到这些剪刀是我昨天从学校的剪纸工具盒里拿出来的，我没有先试一下剪刀好不好用，这下剪刀出问题了，学生剪不动。我不敢回应学生们提出来的这个问题，因为我根本不知道该怎么解决，我下意识地选择了忽视，心里面却一直在打鼓。

就在这时，安主任走过来，给我递来了一筐剪刀。我像抓住了救命稻草一般，赶紧接过来把它分发给学生们。我的心里一直在自责：为什么自己没有提前检查剪刀？事先精心准备了那么多材料，却偏偏把做手工最重要的剪刀给忽视了。这个课程失败了，我觉得丢脸极了，心里很郁闷。在课堂剩余10分钟的时候，大部分学生都没有剪出正确的雪花来，贴在黑板上的只有六朵雪花……我按照最后的环节，对同学们的作品进行了评价，最后随着播放歌曲《小雪花》结束了这节课。

音乐声还在唱"小雪花、小雪花……",我的眼泪也随之而下。我背对着学生们开始收拾我的教具,不敢让听课的老师和学生们看见我的窘态。这时候,还有学生不断涌过来:"老师,你看我剪得对吗?""老师,你怎么了?"亲爱的学生们,老师丢脸了。

按照流程,下一步是老师评课。我重新整理了自己的情绪,坐了下来。各位美术老师都很友善地给我提出了建议,并且对我进行了表扬,在他们看来,那只是课堂中间的一个小插曲。教研员对我说:"课堂中,面对学生们不能使用剪刀的急躁情绪,作为老师,你应该安抚他们,沉稳地解决这个问题。"简单的两句话点醒了我。是啊,我是老师,我是他们的老师,面对突发情况,自己却先慌了阵脚。

结束本次活动后,我一如既往地对本节课进行了反思。首先,作为老师要了解学生的年龄特点。学生使用剪刀缺乏技巧,对于迟钝的剪刀,更是不会使用了。其次,老师在课堂中要有教学技巧,面对出现的各种突发情况,要沉稳地尽快寻求解决的方法,而不能弃学生于不顾。并且,作为一名年轻老师,我成长的道路还很长,一次失败不代表什么,它给我带来的经验和教训,是我成长路上最珍贵的财富。最后,坚持反思的习惯。除了反思教学,还可以

第二章　教学故事

反思为人处事,反思一切可以反思的东西。同时,要边反思边记录,用键盘留下文字,为研究自己的教育教学提供鲜活的案例。

　　愿我们都能在反思中不断前行,成长!

分组的启思

——田 威

每一个体育老师都希望在自己的课堂上，所有的学生都能够守规矩，体育锻炼能在一种井然有序的状态下进行。其实不然，真正的体育课的课堂纪律与练习的实际情况不是体育老师想的那样。体育课通常采用分组活动的形式上课。在体育分组活动中，常会出现个别学生不愿参加小组活动的情况。体育老师可以在巡视中不时地过问该小组每个成员的活动情况，及时表扬他们取得的成绩，使不合群的学生增添信心，融入群体。此外，还可创设两人合作的游戏比赛，让学生在愉快的气氛中与同伴打成一片。这样日积月累，持之以恒，就能帮助学生培养起良好的性格。

第二章 教学故事

在一次《短绳》教学课上，全班练习完后还有多余的几分钟，我就安排分男、女两大组跳长绳。首先，我让几个会跳长绳的同学示范了一下，然后再简单讲解了跳长绳的动作要领，接着就让学生分组练习。可是当我刚转身去整理短绳时，就有几个学生跑过来告诉我说：有几个学生不愿意跳，在边上自己玩别的，还有一部分同学不排队，插队跳，还有一些同学互相讥笑不会跳的同学，总之队伍很混乱。听了学生的汇报后刚开始我很生气，他们也太没组织性、纪律性了，如果其他学生都像他们一样，那课堂纪律可不就乱套了。于是我集合了队伍，找出违反纪律的学生开始批评他们。后来调查了一下原因，我才发现，其实不能完全怪学生，我的安排也有问题，考虑得不周到。原来65%的学生都不会跳长绳，会跳的学生都争先恐后地想在全班同学面前表现一下自己的能力；还有一部分同学是想跳的，但他们想跳又不会跳，跳不好还要被同学讥笑，于是同学之间就出现了互相谩骂的现象；有的学生就干脆不跳了，到边上玩自己的；到最后大家都觉得活动很没劲，所以也就失去了学习跳长绳的积极性，队伍出现了混乱的现象，最终导致这节课的失败。

我在课后写了一些教学反思,认为导致这节课出现上述情况的原因就是教学方法单调,形式单一。体育课如何发挥学生的主体作用?如何体现学生为主体?这些的确是令人深思的问题。在体育教学中,老师给学生创设一个宽松的运动环境,可以使学生发挥主观能动性,变学生被动运动为积极主动运动,使老师的教和学生的学融为一体,从而收到事半功倍的效果。于是,我利用上室内课的机会适时地引导、鼓励、激励他们,学生们有了跃跃欲试的想法了。接下来的体育课中,我有意识地把会跳的和不会跳的学生区别开来,再让他们分别自发组合,自己找练习的同伴,就这样在后面的几次练习中,学生练习的兴致始终很高,课堂气氛出奇的活跃。

这个案例告诉我们,老师在教学中应想方设法为学生提供自主学习、练习的机会,同时也不能忽视学生的需要和情感的体验,从而使学生们的身心得到全面、协调的发展。老师要根据教学内容设计教法,要有选择性和针对性,常变常新,始终吸引学生的学习兴趣,进而把教学过程变成学生想学、乐学的自觉行动。

教学中不仅要锻炼同学们自我组织能力、自我管理能力,

第二章 教学故事

而且还要有目的、有组织、有计划地教学,满足所有同学的兴趣和需要。有时我把教学内容科学地、严谨地设计成多种运动方法,让同学们选择自己所喜欢的运动方法,然后根据选择情况自由结合成小组,每个小组选出一位小组长,小组长带领同学们完成教学内容。各小组在完成运动内容时,根据自己情况选择自己的组织方法和学习方法。这样可以充分发挥学生们的聪明才智,发挥他们的想象力、创造力。学生们的主动性充分调动起来了,课堂教学一片生机盎然。

创新精神和实践能力也是衡量学生心理健康的一项重要指标。每一项重要指标、每一项创新活动的完成,都要求学生必须具有充沛的体力、饱满的精神和乐观的情绪。因此,体育老师在教学中应通过多种手段培养学生活跃的思维、丰富的想象力及运用知识的实践能力等。比如,教材的安排要体现健身性、趣味性和实用性,以促进学生生理、心理和精神等方面的提升,获得成功和愉快的体验,使他们能热爱体育,增强自尊心和自信心。此外,还可通过教学方法的创新,开发学生的潜能和完善人格,培养学生自学、自练的能力,并给学生营造合作学习的氛围,同时也要注意适当地为学生提供机会,培养他们对体

育竞技的竞争意识。

当然,体育课更是德育、智育。要发展快乐体育、阳光体育,那么我们应该在育人路上多一些宽容,少一些心灵的隔阂。多一分宽容,就多一分理解;多一分信任,就多一分友爱;多一分宽容,就多一分关爱。我们要在育人路上给学生们创造一个宽容、理解、信任的环境,学生们定会还给我们一个个充满活力与朝气的身影。

第二章 教学故事

和学生一起成长

——苏彩凤

老师是太阳底下最光辉的职业,是人类灵魂的工程师。我从小的愿望就是当一名光荣的人民教师,终于,我的愿望实现了。今年九月,我和学生们一同进入八中京西附小。刚来到新的环境,我们对身边的一切都充满了好奇。崭新的教学楼、宽敞明亮的教室、绿色的桌椅,还有特色探究教室,最使人眼前一亮的是每个教室的绿植,都安装有自动换水的清洁系统。这就是我实现自己人生价值的地方,也是我和学生们一起成长的地方,接下来我们会发生什么变化,我很期待。

从音乐专业毕业的我鼓起勇气承担了数学学科的教学任务,虽然当时答应得很爽快,但在备课过程中却发现要完成好这个任务可

不简单!起初的几节课上得很顺利,因为大多数学生都能跟着我的思路走,提的问题也一直有学生举手回答,我自认为能把课上得很好,学生都能学会。但经过一次月测,我发现事实并不是我想象的那样,很多学生都没有掌握好基础知识。我静下来想了想,平常爱举手发言的总是固定的那些学生,每次我提问完他们没有问题了我就继续往下进行了,没有太关注那些不举手的学生,不知道他们到底掌握了多少,这是我课堂教学中存在的一大问题。于是,我向有经验的老师们请教。根据他们的建议,我对课堂的节奏进行了适当的调整,也从他们的课堂中学到了一些提问技巧。在后面的课堂中,我有意让不举手的学生回答一些问题,起初是回答较简单的问题,然后逐渐提高难度,我发现有一部分学生也能回答对,我就鼓励他们大胆举手,只要发现他们举手,就优先选择让他们回答,并且大力表扬。慢慢地,课上举手发言的学生越来越多,看到他们增强了自信心,我也有了一点成就感。

有一次,我和两个女学生走在一起。她们扑闪着明亮的大眼睛和我说:"苏老师,我们最喜欢上的课就是数学课。"我心里美滋滋的,问她们为什么喜欢上数学课。两个学生不假思索地说:"因为我们喜欢苏老师,所以喜欢上数学课。"学生一句简单又

第二章 教学故事

真实的话让我十分感动，那一刻我的眼睛湿润了，我想这就是幸福感，作为一名老师能让学生喜欢，能通过自己的努力帮助学生成长、进步，这就是我最大的收获和喜悦。我告诉她们："每一门课你们都要用心去学，这样你们一定会发现其中的乐趣，老师希望你们喜欢数学，更希望你们成为全面发展的好学生！"看到学生们乖巧地点头，我觉得我的职业是神圣的！

学生们对数学课堂的兴趣促使我更加认真地备课，从多方面准备教学资源，努力做到让学生在每一节数学课中都能体会乐趣、收获知识。在讲"认识位置"时，我选取了教室里的物体来进行区分，让学生接触、感受身边事物的位置，并让学生回家整理自己的书桌，把物品摆放整齐并说出它们的位置关系，这也锻炼了学生的自理能力。

《九加几》是数学书中很重要的一课，也是以后学习 20 以内进位加法的重要基础，在讲这一课之前，遵循教学直观性原则，我从网上买来放鸡蛋的盒子，里面正好有 10 个空位，我给里面放了 9 个鸡蛋，目的是引导学生使用"凑十法"来完成计算。正式上课之前经过了几次调整，刚开始教学设计中内容过多，重点知识没有得到足够的巩固，通过与几位数学老师一起研讨，综合大家给出的

意见，我反复演练、试讲，最终这节课学生兴趣非常浓厚，从实物中理解了算理，又会用算式来记录算的过程，学生们牢固掌握了用"凑十法"解决九加几的问题，并初步建立了数形结合的思想。然而课堂时间有限，只有几位同学到讲台上来操作，我看大家有点泄气，就说感兴趣的同学回家可以自己拿几个物体来演示一下计算过程，他们都拍手说好。

兴趣是最好的老师，只要把课程设计得让学生感兴趣，那就等于成功了一半！我们班上有个学生平常表现不是很积极，对很多事情都不太在乎。有一天他突然对我说他就爱做数学题，让我多给他找一些题目来做。我当时听了倍受鼓舞，觉得自己可以胜任数学教学的任务，起码我的学生们喜欢上数学课。同时，长时间的查阅资料、备课、设计数学游戏等，这些事情做下来，也让我喜欢上了数学。我决心要不断地探索好的教学方法、有趣的数学游戏，让学生们在数学王国里开心地获取知识，学到本领！

通过向各位老师的学习和自己将近一学期的教学实践，我深深体会到要以学生为主体的新教学理念的重要性！一切教学准备都是服务于学生的，根据学生的已有认知和可能出现的问题来把握一节课的重难点，进行新课构思；根据学生的思维模式来设计

第二章 教学故事

课程的各个部分；根据学生的兴趣来设计课堂游戏和实践活动。课堂的主体是学生，老师是学生学习的引导者，让学生通过自主探究来获得实际体验。老师在课堂中要关注全体学生，"让每个学生都有事干"，这是教研员邓宏老师强调的，要让全体学生参与课堂。一个学生在讲台上演示时，下面同学可以举起手跟他一起动；一个学生回答问题时，其他同学要听他说得对不对。引导学生用手势、倾听甚至移动身体的方式参与活动。在教学过程中，要想将课堂交给学生，就需要在适当的时候慢下来等待学生，给学生时间，让他们自己去发现问题、解决问题、收获体验。发现某位学生回答不上来问题时，老师不必急于解答，老师需要做的就是边引导边启发，直至他能完成问题，并且最终让学生教会学生。课堂小结留给学生做总结。同时注意课堂生成，学生提出的独特的思路老师要充分肯定，并做好记录，变成日后丰富的教学资源。

"学高为师，身正为范。"如果说专业技能和教学方法可以衡量一名老师的教学水平，那么师德可能决定他能到达的高度。如果说母爱是无私的，那么老师对学生的爱应该是一种博爱。于我而言，就是要用心对待每一位学生，以欣赏的眼光去看待他们，发现他们的闪光点，及时帮助学生处理好他们出现的问题，这是

作为老师应尽的职责，更是光荣而神圣的使命。我们班里有一名同学由于身体原因好长一段时间没法上课，重返课堂后，可能不适应学校的学习生活，经常在课堂上掉眼泪，我尽可能多地关注他、安慰他。有一次，在课间安排了两个性格活泼的学生带他一起玩，我目睹他从害羞胆怯逐渐融入集体，看着他阳光灿烂的笑容，我也替他开心。在学习上我发现他跟不上大家的节奏，所以课后找时间给他补习，从第一课一点一点地给他讲解，有不明白的地方就反复讲解，在课上也多提问他已学会的知识，帮助他不断建立信心，虽然他的成绩还不是特别理想，但看得出，他对学习的兴趣和自信心已经得到了很大的提升。帮助学生、改变学生，从点滴小事做起，我相信自己辛勤地灌溉一定会让这些祖国的花朵开得更加灿烂！

在这一个学期中我看到了学生们的变化，感受到了他们的成长。对于我自身而言，我在工作、教学方面也有了很大的提升，这就是古人所谓的"教学相长"。我要感谢学生们给了我与他们一起成长的机会，跟他们在一起的时光是快乐的。而今作为一名新老师，我还需要不断探索，提升自己的专业能力，用我的爱去呵护学生，陪伴他们成长，我想这个过程中我一定也是最幸福的！

第二章 教学故事

用老师的人格魅力吸引学生的眼睛

——许云

不知不觉间,我已经在教育岗位上走过了 16 个春秋,经历过曾经的教学改革,经历过工作的调整。这一年,我又担任了一个全新的角色——一年级语文班主任。作为老师,我热爱学生,作为教育工作者,我希望用自己独到的方式让学生喜欢自己。在语文教学中,要想吸引学生,老师必须要有一定的功底。于是,我想到了简笔画这种传统的教学手段。小学语文教学短短 40 分钟的课,老师有时候运用一些简笔画,不需要多少专业知识,也同样能够使课堂教学变得生动活泼。语文教学中"板书"的传统设计方式中总包含太多的语言文字,而简笔画的设

计也能够使板书变得活灵活现,充满魅力,吸引学生的眼球。作为一名语文老师,恰当地运用简笔画可以使课堂知识变得活而不乱。

在生字教学中,我设计了有魔力的宝盒,目的是让学生学会生字。比如,"人教版"语文一年级上册识字第9课《日月明》这一课中的"日月明,田力男。小大尖,小土尘"。对于一年级的小学生,这些会意字的学习对他们来说十分陌生。在课堂教学中,我首先出示这些独体字,然后让学生们通过猜一猜的方式看看我用简笔画的几何图形中,正方体这个魔力宝盒中可能会是哪个字。学生们在老师的指导下,很快进入了会意字的认识,知道了两个或两个以上的独体字能够组成一个具有新的意义的字,这就是会意字。随后,我们又通过这种方式学习了一些新的会意字,比如苗、泪、看、晶、品等等。神奇的宝盒,简单的图画,很轻松就能将学生带入学习的乐园,让学生大胆思维,勇敢地表达,在不知不觉中获得了知识,体验到了学习的快乐。

对于低年级的小学生来说,学习基础的汉字,读准字音、区分字形是学生们应该掌握的基本技能。但老师在课堂教学中,

第二章 教学故事

为了让学生正确区分形近字可谓煞费苦心。一而再、再而三的书写不仅让学生们的小手感到疲倦，而且效果不佳。有时，老师们会采用专项讲解练习的方法，把一些容易混淆的字放在一起让学生们区分。课堂上，学生们表面上都认识这些字，然而，一旦再次遇到形近字，学生们还是会写得一塌糊涂。小学生喜欢直观的东西，这也符合他们形象思维的年龄特点，与其让他们畅所欲言地说，不如落到图片和形近字的具体结合上。

在我的语文课堂上，通过讲解和练习，我发现学生们对"在"和"左"两个字的字形总是发生混淆。于是，我巧妙地利用简笔画在黑板上画了自己左手和右手的轮廓图。学生们看到老师把自己的双手沿着轮廓画完后都惊呆了，他们不知道老师这是要做什么。随后，我指着简笔画问学生们："哪个是左手？"学生们一下就找到了答案。接着，我在简笔画的下面写下"左"这个字。由于在画双手轮廓图时，我特意将左手的轮廓图画在了上面，于是我便问学生们："哪个图在上面？"学生们立刻说道："左手在上面。"于是我在简笔画的正上方写了"在上"这两个字。在接下来的环节里，我让学生们大胆说出"左"和"在"的异同点。

一个简单的双手轮廓图，对于老师来说只是举手之劳，对于学生而言，既符合小学生的形象思维特点，又充分调动了他们的视觉参与，还锻炼了他们的口头表达能力，大大提高了学习的效率。

古人云："师者，所以传道授业解惑也。"有人认为，老师的角色应该是有权威感的引导者，教授学生们知识，给予学生们学习方法的指导。殊不知，在大多数课堂教学实践中，能够让学生参与的课堂，学生们的收获才是最大的。让学生走进简笔画，同样能够降低学生们学习汉字的难度。在"语文园地"的学习内容中，有这样一个认识方位的知识点：早上起来，面向太阳，前面是东，后面是西，左面是北，右面是南。东南西北，前后左右，已经是学生们学习的难点内容了，放在一起学习可谓难上加难。为了能够帮助学生们解决这个难点，我运用简笔画的方式，在黑板上画了一座山和一轮初升的太阳。然后，我请一位同学走近这幅简笔画。当这位同学面向黑板上的太阳时，我和学生们一起说道："早上起来，面向太阳。"随后，我问学生们："前面是哪个方向？"学生们异口同声说道："前面是东。""那么，后面是哪个方向？"当同学们回答时，我

第二章 教学故事

立刻将事先准备好的"西"字贴在了这位同学的身后。就这样,看似简单的一幅画,在学生的参与中帮助学生解决了学习的难点。

传统的方式固然没有现代化媒体设备呈现得有时代性,一支粉笔的吸引力纵然比不上色彩艳丽的美图美景。然而,简笔画作为一种最基本的教学方式和手段,也同样有着它存在的价值。作为老师,我们可以用端庄的外表吸引学生,可以用甜美的声音感染学生,我们同样可以用一支粉笔、一幅简笔画赢得学生,用老师的人格魅力吸引学生的眼睛,在老师的熏陶和感染下快乐学习,健康成长。

意外的"精彩"

——张丽华

燕子去了,有再来的时候;杨柳枯了,有再青的时候;而岁月却是如流水一样一去不复返。14年来,我和我的学生们在讲台上不断地上演着属于我们的教育教学故事,其中,有许多都已随着时日的流逝而渐渐淡忘,可也有一些却像"意外"般深深地扎在了我的心上。至今让我回忆起来,都是历历在目,感悟至深。

意外的"精彩"之一

在一次英语课上,我在教授二年级上册英语课本中第十九课的句子"I have long arms./Do you have long arms?"时,由于示范录音中的语速太快,学生跟不上,我便放慢语速朗读给学生示范,让他们跟着我读。但几遍下来,有些同学还是有点绕不

第二章 教学故事

过来，便产生了畏惧情绪，不愿再读了。当我再次让他们模仿跟读时，有位同学竟然干脆说："老师，太绕口了，我不会。"就不愿再跟读了。而此刻已经学会的同学就骄傲起来，他们在别人朗读时不认真听，有位同学甚至说："我都学会了还要反复读，真没意思！"当时我真是很尴尬。后来我灵机一动，把全班分为6个小组来竞赛，哪个小组读得既清晰准确又响亮整齐，就为他们画一颗"五角星"，还许诺他们：得星最多的小组每人可以得到一颗由我们学校专门用来奖励学生的"学习星"。想不到这一招还真灵验，每个小组都干劲十足，都读出了自己的最好水平。我给读得比较好的小组加了小星星后，问其他小组要不要再比试一轮，他们齐声说"要！"于是我让他们开始了新一轮的竞争。等学生们基本上都读得很好时，我把握住教育的时机，对他们说："老师开始学英语时，有很多句子也不会读，但老师就是像你们刚才那样坚持一遍又一遍地跟读，直到第十遍才终于学会。"

接下来，我叫了刚才说"我不会"的同学，请他读"I have long arms./Do you have long arms?"。在我的鼓励下，他终于有了信心，鼓起勇气大声读了出来，虽然读得不太好，但我还是给予他"excellent！"的最高表扬，并对其他同学说："clap

your hands!"在学生们的掌声中,我及时纠正了他发音中的错误之处,并对其他同学说:"刚才这位同学说自己不会读,学不会,你们觉得他读得怎么样?"同学们齐声说:"非常好!"我又说:"其实我们每个同学都能读得好,关键看你有没有自信。这位同学首先不够自信,但后来他不再畏缩,而是勇敢地读出来了,这需要多么大的勇气呀,单凭这股勇气就值得我们学习!"那位同学在我和其他同学的掌声中满意地坐下了。

  那节课给我带来很大的触动,我的反思如下:学习英语的过程中,语音需要机械地操练,这个环节对于二年级的学生来说,既是必不可少的,也是非常枯燥的。虽然我们可以优化这一过程,把它变成一场游戏或一场竞赛,增加趣味性,但仍然避免不了需要学生们反复地读、说与纠音。教学过程中,出现学生接受能力的差异化是很正常的,但我决不能让学生产生因为枯燥就不想学的心理。在课堂教学中,我尽量把枯燥的操练变成一场场竞赛,通过竞赛,缺乏自信的同学敢于开口,而那些学得不错的同学,更会积极地参与进来,这样,不仅端正了他们的学习态度,同时也帮助他们树立了为集体争光的荣誉感。使学生不知不觉就能熟练掌握英语的发音,而且培养学生学好英语的自信心,增强学习

第二章 教学故事

的兴趣。

意外的"精彩"之二

我在教授二年级上册英语课本中第一单元"星期几"的时候，把自己在课下搜索到的歌谣教给学生们。这个歌谣是这样的：

Monday Monday 星期一，猴子花钱坐飞机；Tuesday Tuesday 星期二，猴子屁股摔两半；Wednesday Wednesday 星期三，猴子爬上花果山；Thursday Thursday 星期四，猴子猴子写大字；Friday Friday 星期五，猴子遇上大老虎；Saturday Saturday 星期六，猴子上树摘石榴；Sunday Sunday 星期天，猴子去了花果山。

这个歌谣让学生们很感兴趣，很快就记住了这些"星期几"的单词。

在展示的过程中，有个学生一边说一边做猴子的动作，还特别夸张，引得全班哄堂大笑，还有很多学生跟着模仿。眼看课堂纪律就要失控，我突发奇想：何不趁这个机会把第四单元中关于动物的单词也学一学。于是，我问道："同学们，这个猴子的动作你们觉得他模仿得像不像？"学生们说："太像了。""那你们想不想知道'猴子'的英语怎么说？"学生们大声地说："想！"我赶紧带领学生们学习了第四单元中关于动物的词汇和相关句型，

并和学生们一起创编了一些有关星期几和动物的歌谣。学生们个个兴趣高涨,很快掌握了学习的内容。

下课后,我及时反思,觉得这节课应该说还是比较成功的。虽然发生了学生做猴子动作的"意外事件",但我根据学生们的实际情况及时调整了教学思路和方法,整合教学内容,同时,在教学中充分调动了学生的学习积极性,因此达到了很好的教学效果。

对于这次"星期几"的教学经历,让我感想颇多。我的反思如下:第一,要冷静看待学生不守纪律的现象,正确引导,加以利用,更好地发挥学生的主观能动性;第二,老师一定要认真准备教材,熟悉教材中的每项知识内容,以便在课堂上适时地根据教材和学生们的实际情况,随时加以合理的整合或者调整,让学生们接触并学习更多的英语知识。

意外的"精彩"之三

记得那是在一节一年级的英语课上,我正在教授一年级上册英语书中第十七课的句型"I can..."。当课堂教学很顺利地进行到一半时,突然有一位学生叫起来:"老师,David 在画画。"话音刚落,全班学生的眼光立刻一齐投向了 David。而 David 却像

第二章 教学故事

无动于衷似的,不仅没有放下手中的笔,反而还在继续画画。当时我特别生气,强压心中的怒火,走到他旁边,语气平和地问道:"David, I can sing.（同时做出唱歌的动作）, What can you do?（你会做什么）?"也许David根本没听懂我的话,因此默不作声。我转向大家,问道:"同学们,如果你们是他,你们可以怎么说?"马上就有人回答:"I can draw."我让他跟读,他轻声地跟着说了一遍,我对他点点头,加上一句:"Very good!"没想到,就是这一句简单的"Very good!"彻底改变了他的学习态度。下课后,他主动找到我说:"老师,今后我想把英语学好。"我很意外,借此机会,我对他说:"其实你很聪明,只要你愿意学,一定能学好,我会帮助你的。"他欣然点头离去。

对于这件事,我的反思如下:一年级的学生活泼好动,注意力不能长久持续,各种学习习惯都在养成期,有时课前没准备好学习用品,有时课上喜欢搞点"小动作",有时上课不专心听讲。面对这些情况,如果我们一味地采取强制的手段来制止,就会产生不良的结果,学生违纪时要及时提醒、纠正他,不能采用讽刺、挖苦、嘲笑甚至体罚的方法,这样做只能引起学生的逆反心理,结果适得其反。在这次的"意外事件"中,我没有严厉地批评说

教他,而是用"宽容心"来打动和征服他,从而形成了课堂上师生轻松和谐的氛围,保护而不是打击学生对英语学习的兴趣。

正是这些"意外事件",使我感悟很多。作为老师,在教育教学中一定要善于运用自己的智慧,灵活机敏地处理课堂突发事件,幽默含蓄地扭转不利局面。只有这样,才能更好地调动学生学习的积极性,促使学生主动参与英语语言实践中来,使教学效率达到最优化,从而有效提高课堂教学效果和学生运用英语的能力。

第三章 教育故事

第三章 教育故事

做一专多能研究型老师

——白文松

本学期根据学校安排,我既是班主任,又执教语文、书法和思维启蒙课。为了顺利开展工作,让学生学有所获,我一边实践一边思考着这三门学科的内在本质和相互联系。我认为这些课程,首先应该达到学校课程建设需要达到的效果;其次,这些课程还应该能够做到不断探索学校课程建设的科学性。而我,围绕着这些课程目标,应该为做一个一专多能研究型的老师付出自己的努力。

我认为,语文、书法和思维启蒙课三者之间有其根本的区别,也有着内在的相互联系。语文课涉及人类社会生活的各个方面乃

至自然界的各个领域,它既反映民族文化的优良传统,又蕴涵现代文化的精华,具有丰富的人文教育素材。《语文课程标准》指出:"语文是最重要的交际工具,是人类文化的重要组成部分。工具性与人文性的统一,是语文课程的基本特点。"学生们通过语文学习,吸纳语文所蕴涵的丰富的人文精神,滋润灵魂,陶冶情操,提升人生境界,形成健全人格。

书法艺术属于中华传统文化之一,自身有着悠久的历史和丰富的内涵。学习书法对中华传统文化的继承和发扬有着举足轻重的作用,对个人修养和文化底蕴的丰富起着重要作用。同时,它对语文学科的学习也是很好的补充和促进。

思维启蒙课我虽然接触时间不长,但在吴教授的引领和我自己的教学实践中,我慢慢体会到了它的独特魅力和无限乐趣,思维方法的训练,要求"润物细无声"地潜入学生的心中。

结合以上分析,我认为,语文学习的过程就是一个不断完善自己世界观的过程,思维启蒙则可以丰富我们认识世界、解决问题的方法,书法是一种形而上的抽象艺术,学生通过练习书法,可以增加自己的文化修养和道德素养。

世界观主要解决"世界是什么"的问题,而方法论主要解决"怎

第三章 教育故事

么办"的问题,世界观和方法论的统一是哲学。由此,我认识到语文、思维启蒙、书法艺术之间统一存在于哲学的范围之中。

就语文的实践性而言,语言的运用与实践相关,语言技能的形成离不开训练。语文教育就是通过学习语言,学会运用语言的知识,培养运用语言的能力,学会做人,成为社会合格公民的一种学习活动。这就要求语文老师通过各种方法使学生既学会了语言知识,还要掌握语言表达方法,这就是所谓的"内容进、形式出"。

建构主义学习观认为,学习不是知识由老师向学生的传递,而是学生建构自己的知识的过程,学习者不是被动的信息吸收者,相反他要主动地建构信息的意义。在建构意义的过程中,要求学生主动去搜集并分析有关的信息和资料,对所学习的问题要提出各种假设并努力加以验证;要把当前学习内容所反映的事物尽量和自己已经知道的事物相联系,并对这种联系加以认真地思考。

为此,在语文教学中:第一,我们常常采用比如朗读、情景教学、角色体验等教学方法,在学生需要学习和需要研究这两种密不可分的过程中,充分尊重学生的主体地位并使学生掌握科学的学习方法;第二,通过学生之间的交流与合作,强调学习的情境性,重视学习过程对情境的创设,进而加深语言学习的体验,

理解课文内容以及掌握它的表达方法。

思维启蒙课里的思维训练给语文学习提供了许多可以借鉴的方法。在思维启蒙课中，第一，老师要以学生为中心，充分发挥学生的主动性来进行思维训练；第二，思维训练通过交流与合作，可以把学习的过程体现得特别明显。比如圆圈图、气泡图、思维导图的运用，让学生无限地联想与主题有关的内容，把当前学习内容所反映的事物和自己已经知道的事物相联系，并对这种联系加以认真地思考，把事物的发展流程有条理地表达出来，通过观察体验，使学生主动去搜集并分析有关的信息和资料，对所学习的问题提出各种假设并努力加以验证，建构自己的知识体系。语文课中可不可以运用起泡图、思维导图呢？而这种思维方法和思维意识恰恰可以变换语文教学的传统模式。

建构主义学习观认为，老师要成为学生建构意义的帮助者，这就要求老师在教学过程中从以下两个方面发挥指导作用：一是激发学生的学习兴趣，二是帮助学生形成学习动机。

语文教学中，老师激发学生学习兴趣的手段很多，比如配乐朗读、动画演示等。思维启蒙课中的 Yes or No、猜谜等都能很好地激发学生的学习兴趣。我在讲《小枣树与小柳树》一课时讲到，

第三章　教育故事

　　春天的时候，小柳树的叶子是浅绿色的，而小枣树还是光秃秃的，通过创设这样的对比方法，让学生们体会二者之间的不同，发现它们的美和丑，进而探索其原因——一个发芽早，一个发芽晚。在思维启蒙课中，采用这种对比的方法更为直观，就是运用双气泡图去发现两者的相同点和不同点。

　　至于书法课、语文课和思维启蒙课之间的相互联系。举例来说，书法课的书写需要先观察，这方面可以借助思维启蒙的有效方法加以指导。比如在讲《写福字》这节课时，我增加的导入环节，实际上就是一种思维训练。我首先提出问题：看到"福"字你都想到了什么？这时我可以运用圆圈图来完成相关内容的构建，书法课上采用这样的形式使学生们更感兴趣。当他们能够通过观察、比较，分别指出楷书"福"字和隶书"福"字两者字形结构的不同时，也就完成了书法课上观察书写的教学目标，同时，也锻炼了他们的思维方法和思维意识。由于这样的训练在思维启蒙课教学过程中经常使用，因而学生们很快就能转换过来。至于书法课和语文课的识字、写字的关系就更不必说了。《通过生字书写指导普遍提高孩子的书写水平》的课题研究，其实就直接来源于书法教学的感悟。

当代作家、北京大学教授曹文轩在《语文课的几个辩证关系》一文中说"教学要讲方法。这一点毋庸置疑，尤其是中小学教学"。因为学生们在成长过程中，他们的认知心理是不健全的，认知能力是有缺陷的。我们必须凭借能够吸引他们、引导他们、调动他们、启发他们、使他们产生浓厚兴趣的方法，达到让他们有效而愉快地接受知识和发展能力的目的。曹教授认为："方法是分级的，一级方法应该是哲学意义上的方法，是关于如何思维、如何认识存在、如何叙述这个世界的方法，是大法。……离哲学最近的是儿童。"这样的教学要求我们老师既要有技法，又要有大法。

各个学科之间都有相通之处，都有可以借鉴的教学策略与方法，老师的智慧在于能够实现这些策略和方法的最大化效果，帮助学生在课堂上有更多的实际获得——不仅有知识还有方法，不仅有切身的体验还有思维的涌动。

这个学期，在学校领导的帮助下我上了一节市级书法研究课，获得了语文教学"基本功"及"百花杯"奖，让我经过了一些教学实践的历练，当然，我自己也付出了心血和努力。但是在我校课程建设的实践中，这些成绩都属于过去。我会不断探索，争取在以后的教学中努力提高自身素质，让学生们有更多的、更大的收获。

第三章 教育故事

——丁奕文

不是我的骨肉，却像我的娃。年复一年地倾注心血，陪着你一起长大。

——题记

你我互送温暖

猛然发现，成为一名小学音乐老师已经一年多了。在这一年多的时间里，收获最多的应该是一个"爱"字，有我对学生的爱，更多的则是学生给我的感动。

这群学生和我相处了一年多的时间。转眼间，他们长高了，长大了，听话了，也和我更亲近了。今年九月份，我生病请假了一个月。当我回到学校再见到这群学生的时候，好多学生突

然围上来,抱着我说:"丁老师,你去哪里了?我好想你呀!"有的学生说:"丁老师,你终于回来了,我还以为你不要我们了!"还有的学生跑到教室里去叫其他正在玩的学生出来看我。那个瞬间,真是幸福满满……在我所带的民歌社团中,有8个学生跟着我学习了将近一年,产生了很浓厚的感情,他们把我当成姐姐,当作最信任的人。有的学生早上上学,在校门口下车,大老远看到我,会笑着跑过来跟我一起走。有一次我嗓子发炎,浑身没什么力气,上课前,跟学生们说:"老师今天身体不舒服,有点累,你们稍微乖一点好不好?"学生们拼命点头。果然,小家伙们说话算话,一节课都老老实实地坐在那里。课间我出去了一趟,当我回来的时候,发现教室里变了样子,钢琴的琴凳跑到了黑板前,正想批评他们的时候,几个学生跑过来簇拥着我,让我坐在椅子上,有捶背的,有揉肩的,还帮我倒好了水。我瞬间泪奔,真的是发自内心的感动。

你我一起成长

一年多的时间里,我慢慢知道,有些学生很可怜,有的是单亲家庭,有的是被领养的。对这些学生,我用爱心陪伴他们。班上有一个男学生,是父母领养的孩子,或许因为不是在亲生

第三章 教育故事

父母身边长大的原因,习惯不是特别好,上课的时候偶尔爱捣个乱。一开始我对他进行耐心地说教,讲道理,但慢慢地发现效果并不好。于是,我开始稍加严厉地管教,他依旧不听话,反而更加逆反。在一次上课时,这个学生又一次在课堂上敲椅子,甚至在地上打滚。我十分生气,就在我让全班学生都安静下来的时候,这个学生独自唱起了《小苹果》,令我惊奇的是歌声中竟然大部分的音准都很好。这时候,全班同学都开始笑话他,我就特意当着全班同学的面说:"他的音准很好,老师很喜欢。"本来觉得他一定还会继续折腾下去,没想到这个学生的眼睛突然亮起来了,笔直地坐在那里。我突然意识到:原来嘶吼式的教育根本没有用,既伤害自己,也伤害学生。这一天的中午,是我负责看管他们班的"小餐桌"午饭时间。这个学生突然跑过来跟我说:"老师,我想带队!"我也是抱着"有枣没枣三竿子"的心态,就说:"可以啊,只要你能连续四次音乐课好好表现,我一定让你带队!""真的吗?""放心,我不会骗你!"接着又在他的额头上亲了一下。这个学生高高兴兴地跑了。果然,在下午的课程中,他安静地坐在椅子上看书。四节课过去了,这个学生遵守了承诺,表现特别好。于是,

我也兑现承诺,让他带队带了好几次。在以后的课上,我又让这个学生坐得离我最近,只要他稍有进步,我就大力表扬。现在,这个学生已经能够十分用心地听课,并且在课堂上很守纪律,还知道帮助老师维持秩序。

音乐教育对于小学生智力的启迪、人格的塑造,以及想象力、创造力的培养等都有不可替代的独特作用。我虽然刚工作一年多,教学经验方面不是很足,但我有责任、有义务教好每一个学生!

记得那堂音乐课,我站在教室门口,面带笑容地把学生们迎了进来。那是一节关于"有趣的声音世界"的课,按照"寻找声音—模仿声音—创造声音—利用声音表现情景"的顺序,由浅入深,由简单到复杂,循序渐进地完成对声音的初步探索。为了把学生带入一个奇妙、有趣的声音世界,我是这样设计的:我先说一个关于"耳朵"的谜语,启发学生用耳朵仔细听辨生活中的各种声音,让学生说一说;然后,我会将学生所倾听到的声音进行分类,城市的、森林的、乡村的等等;最后,带领学生们学习一首歌曲《大雨和小雨》。实际教学中,当我进行到让学生说一说所听到的声音的时候,学生们一口气说了很多。

第三章 教育故事

我把前面说的这些声音归类后，就播放事先准备好的课件：一条马路上有摩托车、警车、救护车、小轿车、公交车，上空还有一架直升机。用鼠标点击物体会发出相应的声音，学生们看得非常专注。

我正要点击下一组声音，这时一个学生说："老师，我可以给这幅图编个故事。"我本来没有设计这个环节，但是我没有拦住他，对他说："那就试试吧。"于是，他说："一天，爸爸骑摩托车上班，在路上突然听到一声急刹车的声音，看到一辆小轿车撞到了一辆大客车上。道路马上就开始堵车了，在空中巡逻的警察看到了，赶快拨打110，警察到了又通知医院，救护车来了之后把受伤的人送到了医院，不一会儿道路就通畅了。"这位学生连说带表演，其他学生好像受到了他的启发，纷纷要把以下的几组声音串成故事。这个教学场景让我深受启发，于是，我立即决定改变剩下的教学内容，让学生听声音编小故事。虽然有时他们的语言还不是很通顺，内容也显得简单，但是他们说得很带劲……最后我总结说："孩子们，正是这些奇妙的有趣的声音，使我们的生活变得更加丰富多彩。"这时，如果我带着刚才的感受把事先准备好的歌唱一遍，学生入情入

境，一定很快就会掌握这首歌曲。

当我和可爱的学生们在一起的时候，感受到的幸福与快乐有很多。看着他们一点一点地成长，是我莫大的幸福！

第三章 教育故事

呵护娇嫩的幼苗

——刘亚丽

记得刚开学时，一年级（3）班有一个漂亮的小姑娘庞××，白里透红的脸蛋，大大的眼睛，长长的睫毛，每当有人端详她时，她总是咬着下嘴唇，显得是那么的紧张。刚来时，她躲在妈妈的身后，不肯放手，大大的眼睛警惕地看着周围的一切，流露出惶恐和不安。她不爱说话，课堂上也很少举手发言。在大家齐读课文时，她发出的也是很小的声音。老师跟她说话时，她很紧张，发出的声音大概只有她自己能听见。下课时，要不就是女学生们拉着她一起玩，要不她就永远是一个旁观者。每次来心理咨询室都是我亲自去教室领她进来，每次她都用胆小的目光看着我……

经过和她母亲的交谈我了解到,这个学生从小胆子就小,在幼儿园做操时需要家长陪着,在家依赖性强,但是可以跟家长交流。在学校,她也愿意和同学们一起玩,但是只愿意跟女同学在一起玩。后来,我明白她由于从小性格内向、敏感、自尊心强,害怕家长和老师的批评,不愿意跟男同学一起玩耍,害怕他们欺负自己,只有在自己信任的家长或者老师面前才会有安全感。长此下去,心理就更加脆弱,更加孤立自己。学生一旦对自己某方面的能力丧失自信,就可能连带对自己其他方面的能力也丧失自信,最后造成多方面甚至全面地落伍,脱离集体,形成孤僻的性格特征。这对她的成长是极为不利的。

有人说学生就是一本书,要想教育好学生,首先就要读懂这本书。作为老师应该认识到学生从幼儿园进入到小学,这是一个过渡时期,他们可能会在学习上不适应,生活上可能会遇到这样那样的困难,如何帮助他们做好这个过渡,我认为非常重要。学生们的自我保护意识很强烈,有些甚至到了过于敏感的程度。在学校,他们会用警惕的目光注视着老师和同学对自己的态度,只要稍稍挫伤了他们的自尊心,他

第三章 教育故事

们就会变得自我封闭。庞××就是一个非常典型的例子。要纠正她的这种不良行为，一定要注意方式方法，既要保护好她的自尊心，又要帮助她消除自卑心理，树立起自信心。我主要采取以下方式方法：

第一，态度真诚地开导她，对她进行正确的引导。告诉她，老师和同学们都很爱她。老师就是她的好朋友，遇到不开心的事可以和老师说，老师会帮助她。

第二，注意多表扬她，帮助她建立信心。赞扬可以对儿童产生奇迹，过多批评则塑造自卑、怯懦的"绵羊"；惩罚容易使学生产生逆反和报复心理。有自卑心理的学生更需要老师的关爱，希望老师的赞扬。用表扬代替批评可以使她看到希望，增强自信。在教育过程中，我注意对她的进步，即便是点滴进步也予以及时、热情的表扬，想方设法创造条件，让她体验到成功的快乐，使她对学习、对生活、对自身逐渐积累信心。例如，当着同学的面表扬她的字写得真整齐，画画得真漂亮，广播操做得真认真……每当她有一点点进步时，就奖励她一颗进步星，后来，庞××终于开心地笑了。

第三，跟她多交流，注重互动。在楼道里，我笑着跟她打

招呼:"你好。今天你穿着这件裙子真漂亮!"她虽然有些不好意思但却很开心。现在,见到老师,她能主动问好,虽然声音还是有点小,但是已经进步了不少。

学生需要爱,教育呼唤爱。爱像一团火,能点燃学生心头的希望之苗;爱像一把钥匙,能打开学生心头的智慧之门;爱是洒满学生心灵的阳光,能驱散每一片阴暗,照亮每一个角落,融化每一块寒冰。作为一名老师,一定要全身心爱学生,关心、尊重、理解、宽容和信任学生。用自己的爱去唤起学生的爱,用自己的心灵培养学生的心灵。相信在我们的精心培育下,幼苗一定会长成参天大树!

第三章 教育故事

把爱注入少先队课

——徐婷婷

一学期过得真快,这是我教学生涯的第一个学期,也是担任少先队工作的第一个学期。回顾几个月来的工作经历,有许多困惑,也有许多收获。总的来说,在学校各级领导的支持下、在其他老师们的帮助下,我的教育工作还算顺利。

作为一名新老师,能得到领导的信任,做一名大队辅导员,担起少先队的工作,我感到幸运又紧张。幸运的是我能有更多的时间跟学生们一起活动、一起成长;紧张的是我清楚地知道少先队工作的重要性和复杂性,担心自己做不好。不过我相信,只要自己热爱这份工作,不断向有工作经验的老师学习,就一定能干好!

我很庆幸自己能在八中京西附小这样一个既阳光又温馨的环境中工作，身边有那么多经验丰富又热心肠的老师。作为一名新老师，这短短的几个月，我已经深深感受到了他们对于新老师的关爱和支持。在新老师的行列中，有一位特殊的"老师"，她叫王绚，是从大台小学调入八中京西附小的，王绚老师虽然年轻，却有着八年丰富的教学经验和辅导员经历。从她那里我学到了不少有关开展少先队活动课的经验。

记得在 2016 年 10 月，我接到团委的通知，说要开展 2016 年少先队活动课优秀课例的评比活动。对于经验丰富的辅导员来说，这就是一个展现自己的好机会，而对于作为新人的我来说，这无疑是一个难题或者说是挑战。就在我一筹莫展时，我想到了向经验丰富的王绚老师请教。她刚好也是二年级（1）班中队的中队辅导员，一定可以指导我。我把我初步的活动构想跟她描述了一遍。这次的少先队课我想围绕"百善孝为先"的中华传统美德展开活动，让学生与家长互换身份，体验一下在家做家务的辛劳，从而体会到父母的辛苦和对孩子无私的爱。王绚老师耐心地听完后，又仔细看了方案，说道："这个选题挺好的，可是你的活动方案里主要都是学生的体验和交流，要

第三章 教育故事

是全程能让家长也加入进来，让亲情真实地流露出来，效果就会更好，这次队课的教育意义也就更容易达到了。"听她说完，我顿时豁然开朗，这真是个好主意！我便顺着她的思路，一边跟她商量一边修改活动方案。活动方案写好后，我们便开始进行前期准备。

这次的活动前期需要大量的准备工作，王绚老师细心地通知到了二年级（1）班中队的每一位家长和同学，使所有队员都在同一天跟自己的爸爸妈妈互换了身份，承担起了家务活。当天晚上，在家长微信群里，不断地有家长发出学生们认真做家务的照片，有切菜的、有洗衣服的、有拖地的等等。我看到学生们认真劳动的表情真是非常感动，更加坚定了我要上好这次少先队活动课的决心。

第二天，王绚老师将图片和姓名整理好交给我，并且建议我说："这是家长们发来的照片，可以看出学生们的举动让家长们都非常感动。我们就让家长们写一封给学生的信吧，把想表达的话都写下来，到上队课的时候再念给学生听。"听了她的建议，我们马上通知家长们，自愿写"给学生的一封信"。没想到大部分家长都寄来了回信，当我看到这些回信时，眼里

不禁泛起了感动的泪花。我们挑选出了最有代表性的几封信，又通知了这几位家长在上队课时一定要来到现场为学生们读信。

活动当天，家长们都非常配合地来到了现场。学生们也早早地来到了录课教室，规规矩矩地坐在凳子上，凳子底下藏着想要送给爸爸妈妈的小礼物。这些小礼物都是同学们在体会到父母的辛苦后，利用课后的时间亲手为爸爸妈妈制作的，爸爸妈妈们都还不知道，所以学生们的脸上挂着一丝神秘的微笑。按照计划活动顺利地开展了，没想到的是在读信和赠礼物的环节，几名家长和队员流下了感动又幸福的泪水。看着这温馨的画面，我这才真正明白了少先队队课的意义，一堂好的少先队活动课不在于老师的教授，而是通过队员们的亲身体验，进行自我教育，从而明白做人做事的道理。这一刻，我突然觉得能不能评上优秀少先队活动课课例已经不重要了，毕竟这堂课的教育目的已经达到了。

课后，我跟王绚老师反馈了课上的情况和效果，总结了这次的经验。通过这一次的活动，我明白了把爱注入少先队课将是一个永恒的主题。这里的爱可以是对父母的爱、对同学的爱、

第三章　教育故事

对祖国的爱、对大自然的爱，只要能真情流露，引起学生们的共鸣，教育的意义自然就达到了，比起用语言传授道理，这样的"身教"更能让学生们接受，并且真正起到教育的作用。

王绚老师的出谋划策、热心帮助让我既感激又感动，今后我会更多地与她交流，学习教学经验，不断提升自己的教学能力。想到身边有这么多优秀又有经验的老师帮助自己成长，我感到很幸福。

"欲成才,先成人"

——张晨梦

"欲成才,先成人。"教育的职能首先是培养学生如何做人,然后才是传授知识。这一点,是中国两千多年的教育思想的体现。韩愈的《师说》明确提出:"师者,传道授业解惑也。"可见,传道在老师的职责中是占第一位的。人的生活离不开社会关系,缺乏良好品行的人,往往给自身和社会造成不良影响甚至悲剧,所以"育人教育"是教育的重中之重!

时光飞逝,一个学期已经过去。我从一个初入社会的大学生,逐渐变成了一个对教育教学稍稍有些体会的老师。这个过程,陪伴我一起成长的是我任教的这群学生。刚开始接触小学教育,理不清头绪,脑子里最多的就是爷爷生前总爱讲的一些

第三章 教育故事

小故事。记得爷爷总是强调做人的重要性，不论是教自己，还是教别人。作为一名老师，让学生有个良好的成绩是本分，而让学生真正成为一个人才是最重要的。这让我感受到巨大的责任感，人的一生必然要有良好的品行相伴，而育人是作为老师的第一责任！"欲成才，先成人"这句话很好理解，也很好懂，但真正让我见识到这句话的力量，还是前几天发生在班里的一件事情。

班里有个男孩，名叫唐湃骁，学习成绩很好，上课纪律也比较好。记得开学第一课，我问同学们："为什么来上学，来读书？"大多数学生都说为了以后能找个好工作。唐湃骁也不例外，眼神坚定地望着我说："只有好好学习，才能找个好工作。"这令我十分惊讶，我们的小学生怎么这么功利地为了工作而读书？在这些学生心中，工作是人生唯一的目标吗？我对大家说："我们不是为了工作而读书，是为了见识更广阔的世界。因为我们很小，世界很大，我们需要通过读书来认识这个世界，让我们不会变成井底的青蛙！"我似乎说得有些严厉了，我看到唐湃骁低下了头，眼神中透着些畏惧，我连忙让他坐下了。

  唐湃骁在上语文课的时候从来不违反纪律,下课仿佛对我也是敬而远之。当一帮学生围在我身边抱着我时,唐湃骁就在自己的座位上坐着。后来学生们经常告状说唐湃骁打人,我开始关注他,常与他谈话,在课上也常点名要他回答问题,在课下也会让他带队。慢慢地,发现唐湃骁可能不这么怕我了。通过和家长的聊天我才知道,唐湃骁从小生活在一个老师之家,姥姥姥爷都是老师,妈妈也用当年自己妈妈对自己的要求来要求他,他从小就努力学习,做事严谨,认为只要自己做好了就可以获得老师和家长的表扬,不用与同学相处,稍有口角之争,就会动手。了解到这些情况后,我开始注意班级中其他的学生,发现由于现在独生子女较多,生活条件富足,很多学生都有不尊重其他同学的行为发生。所以在此后的语文教学中,我有意识地加入"育人"的活动和教育的话,比如"要学会关心别人""要学会对人有礼貌""要学会与别人合作"等等。开少先队课时,我也经常强调我作为一名语文老师最自豪的不是让学生都成才,而是让我的学生都成人!

  最近发现,唐湃骁开始慢慢与其他同学友好相处了,慢慢懂得接受与尊重了,慢慢懂得关心和爱护了。最让我感动的是,

第三章　教育故事

我感冒咳嗽了半个月不见好，他回家之后问妈妈："吃什么能治咳嗽？张老师咳嗽很厉害。"当妈妈告诉他吃哪些药的时候，他跟妈妈讲："吃药对身体不好，能不能吃点什么好吃的，也能让张老师的病好起来？"他和妈妈为我准备了银耳和百合，第二天一早拿到了学校。恰好我上午出去教研，不在学校。回来后刚到班里，他就拿出来银耳和百合，对我说："老师，您吃这个吧，吃了就不咳嗽了！"听到这些话，再看看他明亮的双眼，回想起他这段时间的变化，我的心里顿时有一种很大的成就感。

看到他的变化，我也逐渐感到自己的价值所在。原来常听爷爷说："老师是心灵的耕耘者，你种下什么样的种子，就会长出什么样的花朵。"以前还不理解这句话，现在可算是有了真切的体会。老师耕耘的是学生的心灵，影响的是学生的一生。原来未曾如此坚定地做一名老师，如今我觉得，我做的选择中再没有比选择当老师更为明智的了。我要勉励自己，时刻以育人为首任，让美好的品质跟随学生成长的每一个阶段！

爱满天下，水自成溪

——赵殿玺

回首在学校的这一个学期，我的身边发生过许多的小故事。这些小故事也是我教育教学过程中的一个个"小插曲"。这其中，最让我印象深刻的是发生在"拍客团"的一个小故事。

这天是星期四，下午3点钟又到了"拍客团"上课的时间，我拿着教案和教具准备给学生上本周的摄影课。去教室的中途被一名打不开电脑的老师拉去帮他修电脑，没有提前在教室等学生。我正准备找钥匙开门的时候，惊讶地发现教室门已经打开了，教室里面有的学生在座位上玩ipad，有的学生在聊天，甚至还有学生在教室里打闹。我走进教室后静静地看着这些违反课堂纪律的学生，但几分钟过去了，他们依旧无视我的存在，

第三章 教育故事

继续自顾自地玩耍、打闹，享受在这种无人看管的放纵之中。我由平静转为了愤怒，怒吼一声："上课了，没听到吗！"看到学生们马上坐回到座位上，静静地看着我，我的心情却怎么都不能平复。

突然想到教室防盗门一直是锁着的。我问道："你们怎么进来的？谁开的门？"大部分的学生都看着一名男学生，这名男学生也默默地自动站了起来。

"你怎么开的门？"我问道。

"老师，等了您半天都没来。"

"我问你是怎么开门进来的！"

"哦。我有一回看到您把钥匙放在门上面。我就找了个凳子上去试了试，就摸着钥匙了。他们还给我搬凳子来着。"这名叫鑫的学生解释说。

正是火大的时候，我又想起平时经常听到的关于他的评价：不爱学习、上课捣乱等等，我立刻在印象里给他了一个"坏学生"的"定性"。

"胆儿够大的啊？跟我过来。其他人上自习，把××任务完成，回来我检查，小组长负责。"我很严厉地说。

我将鑫带到了旁边的"准备室"里,对他进行了轰炸式的批评教育。直到将他批评得眼泪挂脸上了,我才"心满意足"地一边喝着水,一边等着他痛改前非地承认错误。

"老师,我没有捣乱,我怕他们在楼道里打闹,才想着把他们放进来的。我真没闹。"鑫说完后,满脸委屈地看着我。

经过了这一段时间的对话,我的情绪已经平静了下来。我回想了一下刚才的场景,其他学生都在玩耍打闹,只有他坐在那里拿着 ipad 在做着什么,我也能听到他在那里帮着维持纪律的劝阻声。再看看眼前这个满脸泪花可怜巴巴的学生,我的心中骤然一紧,猛然间想起他在学习摄像的时候十分认真,总是喜欢给我出个主意,帮我组织纪律,所教授的理论知识和实际操作他都能很快地熟练掌握。"回去吧,下课我们再聊聊天。"我说。

事后,我与鑫所在班级的班主任交流,了解到鑫这个学生生活在一个很特殊的家庭。父亲因为违法被判刑至今仍在监狱服刑,母亲抚养他一段时间后,将他抛弃。他父亲只能将他委托给自己的朋友代为抚养。养父母虽然对他也是十分关爱,但是在他的教育问题上还是缺乏足够的重视和投入。

第三章　教育故事

我反思后认为在这名学生身上，我的教育方式是错误的，我过早地为学生定性造成自己对学生的认识不全面，在对待该名学生的态度上也存在一些偏见，因此造成了对他的片面评价。在分配实践机会和任务的时候，我经常将那些学习好的学生定性为好的，直接把任务分配给他们，觉得只有他们才会认真完成这些任务，而调皮的学生总是很怕他们不能胜任，所以也不分配任务给他们。于是，就会出现有的学生越来越全面，而有的学生越来越差的情况。

静下心去想这样一个问题：学生的一生有几十年，他在你身边成长的时间不过是短短的几年。这几年里，他生命中最重要的人除了父母就是老师，所以，父母、老师对他的评价是十分重要的。在他一生的成长过程中，这时候对他的评价或许会影响他的一生，影响他一生的兴趣爱好，乃至处事方式、思考问题的方式等等。

俗话说得好："上帝为你关上一扇门，定会为你打开一扇窗。"纵然学生习惯再不好，再调皮、成绩再差，相信在他来到这个世界的时候，一定也随身带来了与众不同的优势。我们作为老师，就是要去发现他们的优点，努力去培养、去放大，

让他带着这个优点骄傲地走下去。

回过头细细去思考这名学生,他本身具有强烈的自我表现欲望,又对"拍客团"这门课程持有很大兴趣。像这样的学生,只需要老师对他们多一些平等对待和关怀信任,他们就会回报给老师更多的信任和亲近,而老师的关怀和信任无形中会增加他们的自信,自然就会取得很好的教育效果。因此,在以后的教育教学中,我有意识地对鑫同学进行较多的鼓励,在展示环节也给予了他更多的机会。他果然变得越来越能干,课堂上能够很自信地回答问题,课下也能认真地完成老师所布置的任务。后来,鑫同学的摄影作品在区级比赛"最美摄影作品"比赛中,还获得了十分优异的成绩。

爱满天下,水自成溪。爱是心的呼唤,爱是人间的春风,爱是生命的源泉。学困生更期盼爱,老师要善于挖掘他们的闪光点,寻找他们的希望点,帮助他们,这样才能塑造他们健全的人格,让他们也同样拥有美好的未来。

第三章 教育故事

承 诺

——刘 军

从教 25 年来,我和学生之间发生过许许多多的小故事,这些小故事将永远珍藏在我的记忆中。下面撷取的是最近发生的一个小片段,却是我准备回味一生的故事。

那是 2016 年 12 月初,一年级(2)班教数学的夏老师不在学校,学校安排我去代数学课。平时我就负责学校的数学教学工作,也没少去一年级(2)班听夏老师的课,对这个班的学生情况相对来说也比较熟悉。当时心想,凭我 25 年的教学经验,这还不是小菜一碟!可没想到第一次上课就发生了意外。当时我正引导学生回顾"20 以内数的认识",学生积极性特别高,踊跃发言,课堂上学习氛围异常热烈。这时,突然从教室后面

传来了极不和谐的"砰砰"声,大家的注意力一下子全被吸引了过去,"砰砰"声更为清晰了。只见坐在最后一桌的张××正黑着一张小脸生气地拍桌子。我赶紧走过去,关心地问道:"你怎么了,张××?"他停止了拍桌子,却没有理我,呼哧呼哧地喘着粗气。可以看出他异常气愤,于是我又耐心地问:"你怎么了?身体不舒服吗?"他扭过头去,还是不理我。这时候其他同学却纷纷开口了:"老师!别理他,他就那样!""张××!你又犯脾气?""老师,他老是这样,我们都不理他!"……而此时,张××好像更生气了,大声喊道:"我不是!"随后眼泪也噼里啪啦地掉下来,很委屈的样子。我想起曾经听夏老师说过张××脾气倔、牛性,不能跟他顶着来,于是我赶紧说:"好了,张××说了,他不是那样的,而且我看他也知道了拍桌子不好,会影响到大家的学习,我们先上课吧。张××,等下课你再跟我说,好吗?……同学们!当同学出现问题时,大家应该努力帮他改正,你们懂得这一点,也努力去做了,但是要采用合适的方法,不能一味指责他。"

下课后,我立即找到张××,说道:"刚才你表现很好,并没有再拍桌子,也没有影响到其他人学习,说明你是很懂事

第三章 教育故事

的好孩子。但老师不明白，你为什么上课要拍桌子呢？"他默默地坐着没有说话，但情绪明显好转了。我趁热打铁，继续说："你看，平时你特别爱学习，爱动脑思考问题，学习成绩也很好……""是！老师！我就是想回答问题！可是我举手好几次了，您就是不叫我回答，我也没能摘到学习星……"原来是这么回事，我越听心里越高兴。看来学校坚持以"8+1 小星"为多元评价载体，进行"课上我争星—课下自摘星—周末同数星—月末展评星"的评比活动，加强学生学习、行为品质的引领，是深入学生内心的做法。而张××也是个上进、要强的学生，只不过性格有些执拗、容易冲动。当他没能回答问题，没能获得学习星时，故意拍桌子不仅仅是宣泄自己的不满，更是为了引起别人对他的注意。他渴望被关注，渴望成功！我立即有了办法，于是赶紧对他说："噢，原来是这么回事！看来，你真是一个爱学习、要求上进的学生！课上没有叫你回答问题，是老师的失误，老师向你道歉！可老师也要向你说明情况。课上，老师叫同学们回答问题，很多时候是做不到每个人都能叫到的，这一点，希望你能明白。而且有些问题比较简单，老师之所以没有叫你，因为老师知道你掌握得很好，就把机会给了其他同

学,这一点希望你能谅解。再有就是你想摘得学习星是对的,但是必须要一直做好,并不是回答问题就能摘得学习星,不回答问题就不能摘得学习星。你看董××,他就没有回答问题,却摘得了学习星,那是因为他一直都在举手、准备回答,他始终在学习、在思考。你明白吗?""嗯!我知道了,那下节课我做好了,能摘学习星吗?""当然可以!如果你不影响其他同学的学习,还能摘得纪律星呢。""真的?说话算数?""算数!这是咱俩的约定。我期待你的成功!""说好了啊!我保证成功!"说到最后,我看到他的双眼直放光。

  果不其然,在下一节课上,张××特别认真,按照约定顺利摘得一颗学习星。当时,他有点儿得意忘形,拿起尺子想玩,我立即用眼神制止了他。随后他又顺利摘得了一颗纪律星。结果整节课表现得特别好。在即将下课时,我又总结"张××进步特别大",帮他又摘得一颗进步星。这一下可不得了,一下课他就跑过来拉着我的手说:"老师!我还能做得更好……老师!咱们再来个约定吧……"在以后的日子里,张××上课的表现一天比一天好,虽然也出现过反复,但在我们的约定下,他的确发生了根本性的变化。每次对他表扬,摘得"8+1

第三章 教育故事

小星"后,我都会看到他那幼稚的小脸上挂满了微笑。

这件事,也令我思考了很多很多。师生之间的平等交流、沟通至关重要,在这个故事中,承诺,是一种信任!期待,是一种能量!坚信学生一定会成功,学生便会获得信心和力量。所谓"好学生是夸出来的",不管什么样的学生,心永远是向上的。因此,老师需要有更多的耐心与爱心。

"小不点"快长大

——茹建玮

伴随着眼保健操的音乐响起,我习惯性地走进教室和学生们一起做眼保健操。可是一进教室,我就看到好几个同学围着"小不点",对着趴在桌上的她叫着:"吴奕颉,快醒一醒,做操啦!"看到这种情景,我让学生们回到自己的座位上,并严厉地提醒班里的学生:"不要对着别人耳朵叫,这样会伤到耳膜,会让她听不到声音了。"对于一年级的"小豆包"们就是要随时提醒,避免出危险。再看着皮肤白皙而睡眼朦胧的吴奕颉,我真是既心疼又无奈,这刚上午第二节课,她居然也能睡觉。

第三章 教育故事

提起班上的吴奕颉，为什么叫她"小不点"呢？因为她长得很弱小，上学已经4个月了，多数学生都已经适应了一年级的学习生活，无论是学习习惯养成，还是自理能力都得到了提高。而吴奕颉从早上吃早餐，到进教室后的整理学习用具，以及在校的一切活动，都会比同班学生慢好几拍，还不用说各科的学习了，数学课写汉语拼音，语文课数小棒，问题是10以内的加减法掰着手指头也算不对，刚学了再问她就不会了。

针对吴奕颉的这种状况，我也及时与家长沟通。谁的孩子谁最了解，家长也承认自己孩子的问题，而且也带她去做了全面检查，结果说是因为严重缺锌，导致心智发育比同龄学生要晚。每次和吴奕颉妈妈谈起孩子的学习她都会泪光闪烁，其实她对自己孩子所付出的心血一点也不比别的妈妈少，但就是效果不佳，对此她也很茫然。作为老师，对于这个发育迟缓、精神不能集中的学生，我注定不能放弃，而且还要倾注更多的心血。

根据"小不点"的实际问题，我和家长达成共识，明确教育目标，制定针对性策略。具体做法如下：

第一，帮助学生制定适度的目标。这个目标不能定得太多

太大,让她感觉遥不可及。一周定一个小目标,哪怕很小的一个目标,只要她能完成,我和家长都要予以肯定与支持,并把这个目标张贴在醒目处,让她时刻记住自己的目标。

第二,给予学生及时的表扬。计划实施过程中,学生有一丁点儿的进步,我们都要表扬,肯定她的进步,增强她的自信心。而且要放大她的闪光点,让她充满自信地度过每一天,让她找到"我是好学生"的感觉。同时我也让班里的同学们一起鼓励她。

第三,共同关注学生的学习过程。计划实施过程中,老师、家长共同帮助她认真完成每天的作业,当然留的作业会比其他学生数量少,做对的作业及时在作业本上打上"√"。尤其是当吴奕颉在学习或生活中遇到难题或不顺心的事时,我也予以足够的重视和帮助,使学生在心理上每一天都是愉悦的。同时为了防止她的行为出现反复,家校共同携手,记录吴奕颉的情况,并予以适切、中肯的评价,共同培养她良好的学习习惯。

经过一段时间的训练与家校配合,"小不点"精神不集中的状况得到了初步改善。学习时,注意力集中时间延长了,学习的主动性也增强了。游戏时,与同学们交往融洽,知道错误的行为不学、不做,而且获得了班级进步星的表彰。看到她在

第三章　教育故事

领奖台上拿着奖状的高兴劲儿，我的眼睛也模糊了。

"小不点"的故事虽然是个个例，但是现在这样的特殊学生也不少，对此我也进行了反思。我的结论是：

第一，多用掌声与鼓励。我们不能因为她好动而感到厌倦、心烦，不能因此给她造成自卑心理或精神压力。我们应坚持正面鼓励，积极强化，从而使她慢慢改正缺点。当她获得成功时，要及时把我们的掌声送给她，激励她继续前进；当她遇到挫折时，要及时把我们的经验送给她，帮助她克服困难。这些都是对她最好的鼓励，也是她生活和学习中的最大动力。只有这样，她才会更有信心、更有勇气去面对困难、解决困难。

第二，应该注重沟通与交流。随着人们生活节奏的不断加快，焦虑和烦躁常会使一些家长在教育学生时因情绪的不稳定，而采取粗暴的教育行为。但我们的家长是否知道，它已对学生幼小的心灵造成了不同程度的伤害，使学生产生不健康的心理和行为。当我们发现学生有违反纪律或有不良行为习惯的时候，为什么不能就事论事，心平气和地交谈，而总是一味地批评？为什么不能从思想层面上进行沟通和交流，使学生心悦诚服地接受我们的教育呢？要记住，特殊学生更需要找到"我是好学

生"的感觉,那样他们才能真正做一个好学生。

最后,老师对"小不点"说:"孩子,老师不会放弃你,我会静等花开。"

"小不点",快长大吧!

第三章 教育故事

孩子，我是否该"妥协"

——杨正红

提到"妥协"，我们总不免将其与"放弃原则，无条件满足需求"等同起来。确实，现在的学生越来越不如以前的学生好教育，不管是性格、脾气还是习惯培养，感觉都越来越糟糕。教育方法也是难上加难。

2016年的9月，我担任了一年级（2）班的班主任。对于一个音乐学科的老师，而且从没有当过班主任的我，这无疑是一种挑战。学生来自不同层次的家庭，情况千差万别，随着集体生活的开始，他们也随之出现了各类问题，发生了许多让人头疼的事情。

在班里有一个叫张伯远的小朋友，胖墩墩的，很可爱。同

学们都管他叫"胖子",可是正是因为这样的昵称,让他产生了反感。他会因为别人叫他"胖子"很生气,还会因为上课举手老师没关注到他而愤愤不平。开始的时候,我觉得这个学生只是爱耍点小脾气,在家里被宠爱着,等慢慢融入集体生活就好了,所以也没有特别在意他的这些小问题。直到情况发展到他动手打我时,才引起了我的注意。

  记得那是一次集体听讲座的活动,为了防止他再次和别的同学交头接耳只顾说话不听讲座,我对他说:"张伯远,你到后面来挨着老师坐吧。"可是他说什么都不起来,用撒娇的声音一直嘟囔着:"我不,我不。"我就用手把他拽起来,可是由于他很胖,就像一座山一样,我根本就拽不动。但是在我尝试拽起他的时候,他就用拳头一直捶我。当时事发突然,同学们都不敢吭声,瞪大了眼睛看着我们。这时的我感觉很尴尬,是向他妥协吗?放下他置之不理?心里一直在这样问着自己。转念一想,就此放弃,以后其他同学怎么去管理?在我做思想斗争的时候,他坐在了椅子上,此时其他老师连忙拉走了我,我也就没有再去理会他。好吧,那就冷处理吧。讲座完了后就再没有问他这件事。

第三章　教育故事

　　晚上，我和张伯远的妈妈进行了沟通，说明了情况。他妈妈说，回家后他说了这件事情，也在说打老师不对。第二天他找我，对我说："老师，我错了，我不该动手打你。"我和他就此进行了一次长时间的聊天。通过这次聊天我了解到，他是为了得到现场回答问题的礼物，才不愿意坐在后面。我借势也进行了疏导："你可以坐在前面，可以说出自己的理由，但不能用这种方式解决问题，别人会摸不着头脑。"他低着头说："老师我知道了。"

　　接下来的日子并没有风平浪静。张伯远常常是两天发一次脾气，三天动手和别人打一架，别的班的学生也经常给他告状，说他在课间的时候总是打人。苦恼的我并没有一次次批评他，而是一次次找他谈话，了解事情的来龙去脉。后来我发现，他之所以爱打人，很多时候都是因为和别人交往不顺畅，身边的玩伴很少，他想引起别人的注意但又不会用正确的方式表达造成的。这促使其他同学对他更加不满，更不喜欢跟他玩，而喜欢争强好胜，情绪又容易冲动的他，往往最终不是对同学大声吼叫就是哭泣，再不然就是打同学。

　　在和家长沟通时，我了解到他小时候是在爷爷奶奶身边长

大的。小时候受了欺负,奶奶就和别人对骂。等上学后爸爸妈妈才从老家接回他,爸爸妈妈对他要求特别严格,对他的进步不屑一顾,总是刺激他,有时还动手打他。爸爸妈妈工作也特别忙,回到家也没有时间和孩子交流。最终造成了孩子缺少爱,不懂得如何和别人交往,久而久之,形成了这样一种行为习惯,再加上居住环境的问题,也造成了孩子身边没有玩伴。

针对了解的这些情况,我明确了我的教育方式:

第一,树立信心。为了给他信心,树立他在班集体里的威信,我让他在每周五的时候带着大家读英语,这个小任务他很乐于接受,而且回家就主动和妈妈学英语,尽管读音不是很标准,但是他因此有了信心和勇气,不再感觉自己很孤独。同学们也慢慢地接受了他,他也能和大家一起相处了。有时候还会因为他的任性发生摩擦,但是从他自身来讲算是已经改变了许多。

第二,培养坚强的意志力。我和体育老师沟通了一下,准备让他当后备体委。这个小任务他也是很乐意接受,每次在跑步的时候不再说"老师我跑不了,我腿疼",而是一直坚持冬季跑步。后来我又和家长沟通让他去学攀岩,多进行体育运动来磨炼他坚强的意志力。

第三章 教育故事

第三,锻炼同学交往中的心理素质。在班会上,我以"怎么样和别人交往"为题,和学生们展开了一系列的讨论,并让学生们在表演中体会。张伯远同学积极参与,从表演中他体会到了如何正确地与别人交往。通过这样的教育方式,他真的有了很大的改变。每次看到他和同学之间有了比较融洽的交流,我的心里都感到无比的激动和欣慰。他不再内心脆弱,心里的阴霾也在慢慢消散,变得比较阳光、乐观。

通过张伯远的事例,让我明白了,对待这样的孩子,适当的"妥协"并不是顺从,放弃原则,而是放下做老师的"架子",和他们真心交流,做朋友。教育不是一蹴而就的事情,是一个需要我们用心呵护,慢慢等待的过程。最好的教育是无声的,在潜移默化的教育过程中,我将会用自己纤细的肩膀为这些幼苗撑起一片蓝天,遮风挡雨,去呵护他们珍贵的生命。

第四章 管理服务故事

第四章 管理服务故事

身先士卒,敢于担当作表率

——邓光艳

"领导动动嘴,咱们就得跑断腿喽!""受累不说,拿不上成绩还要受埋怨。""是呀!事情这么多,干不过来,怎么干呀?"听到有的老师发这些牢骚,我的心中不免有些惆怅。老师们为何会有这种想法?这件事令我陷入深思。

我反思自己该如何做才能逐渐改变大家的想法?所谓"正人先正己,做事先做人",管理者要想管好下属必须以身作则。我确信示范的力量是惊人的,因此,从每天早晨一睁眼,我就开始在自己平凡的工作岗位上忙碌着。

一年级学生刚刚入学,一切从零开始,习惯培养尤为重要。

早晨我会走进各班去看看学生们是不是都在安静地就餐,饭后能不能安静地看书,有没有浪费现象,等等。接着就是巡视晨读情况,观察学生是否有序进行内务整理,各自的位洞是否收拾整齐,教室卫生打扫是否干净,等等。发现问题就要及时与班级老师进行沟通。安全无小事。只要有时间,每到课间我就会下楼巡视,看看学生们是不是在有序地开展活动,生怕哪个学生磕了、碰了。在老师工作方面,我同样也会亲力亲为,尽自己最大努力帮助老师们解决困难。张老师请假,李老师外出培训,没有老师上课,我代课;赵老师和孙老师在一件事情上意见不统一,发生分歧,我调节;周老师因为要上课搞活动需要准备道具,我来买;曹老师和家长发生矛盾,我化解……诸如此类的事情,举不胜举,每天分身乏术,如同"救火队长"。有时因为白天没忙完,索性晚上不回家。为了给取得优异学业成绩的学生以鼓励,一打奖状就是2小时。即使回到家,也经常会一边陪伴闺女一边发信息解决工作中未处理完的事情。

因为一线英语老师不足,我担任了二年级(1)班的英语教学工作。尽管自己还担任着年级主任的管理工作,但我仍然会挤出时间专心备课,利用休息时间制作单词卡片,便于学生

第四章 管理服务故事

认读、记忆。在开学之初，我发现学生的字母书写不规范，于是，规范字母书写便成为我每节课的重要环节。批改作业时给写错的学生逐个打字头，给予学生书写示范指导，一段时间后初见成效。在课堂上，学生给予我的那种意外惊喜，让我体会到了作为英语老师的幸福。在第六届门头沟区英语节活动中，我与教英语的张老师一起并肩作战，分工合作，她主要负责辅导学生，我负责制定方案、落实、总结。在光盘制作中，解说词改了一遍又一遍，历经近两周时间，终于近乎完美地完成了任务。

就这样，在与一线老师的摸爬滚打中，大家慢慢地、悄无声息地发生着变化。我看到：一年级的老师团队每天都在尽职尽责地努力工作着。年轻的老师敢于面向全区，在业务上积极要求进步，参加区级展示、讲区级研究课；年长的老师敢于挑战自我，和青年老师互通有无，向他们传授经验，给予榜样示范；学生们茁壮成长，学业成绩优异，习惯培养逐渐养成。总之，老师们参与校外活动的多了，牢骚埋怨声少了。短暂的一年半中，在大家的共同努力下，我们部门获得了：门头沟区开展"发现身边美传递正能量，践行社会主义核心价值观"评选活动优秀组织奖；门头沟区"优秀班级家长会"视频评选优

秀组织奖；第六届门头沟区英语节优秀组织奖。

记得北京教科院原副院长文哲先生说过："老师影响学生的方式主要是做而不是说，自己先'立德'，然后才能'树人'。教育不是我说你做而是我做你看。"我认为，作为领导，统领自己部门的工作也是同样的道理。领导不但要勇于替下属承担责任，而且要事事为先、严格要求自己，做到"己所不欲，勿施于人"。一旦通过表率树立起在老师们心中的威望，将会上下同心，大大提高团队的整体战斗力。

第四章 管理服务故事

让行为铸就教育影响力

——安知博

苍白的语言说教会使教育更加无力，严厉的管教反倒容易使老师、学生产生逆反心理，只有用自己亲力亲为的实际行动替代语言与制度，自我修炼，无痕影响老师、学生才是教育真谛。

"怎么，最近我们的学生这么没礼貌？""是的，见人也不主动问好，装作没看见。""还有，就是见着校长问好，其他的人不说话。""是的，见着学校领导问好，见着老师理也不理。""咳，应该在班里说说了。"老师们议论着，不时地说着该怎么办。一周的时间过去了，老师们对此有些耿耿于怀，因为要求学生们讲礼貌的情况并没有多大变化。"主任，您在升旗仪式上对全校说一说，可能会好些！"于是，我们用升旗

仪式上发命令、提要求的方式再次强调，可早上值勤时发现情况依然不容乐观。为什么呢？老师们在班级进行教育，领导们在学校大会上一再强调，可教育的效果并不尽如人意。是学生没有养成问好的习惯吗？我们要求学生应该做成什么样，可反观我们自己做到问好了吗？学生们需要有榜样示范，那么谁是榜样？当然是我们老师，是我们学校的领导。因此，我认为：要让学生做到，老师要先做到；要让老师做到，学校的领导要先做到。

于是，在早上值勤的时候，开始出现这样的对话。"安主任好！""你好，你真有礼貌！""张天一，你好！"学生听到我的声音，停住了脚步，对我说道："安主任好！"并报以一个微笑。"你好，李俊劼！李俊劼，你好！"学生有点疑惑，小声地说了一句："安主任，早上好。"我们相视一笑，相信这个早餐他一定会吃得很开心。

又是一周值勤，我与学生之间主动问好的声音越来越多。这是一个习惯，是学生们和我的习惯，也应该是我们所有人的习惯。这一声问好，在彼此心里成为来到学校的第一个美好体验。

第四章 管理服务故事

"今天下班后，五点检查各班卫生！""怎么这么多事，还让不让人回家了。""家里还等着做饭呢，真烦！""今天检查，明天检查，老有事，有完没完？"听到老师们的怨言，你该怎么做？是等到5点钟直接去检查，如果看到卫生做得不够好，要求改正，让老师这一天晚回家？还是就此降低标准，差不多就行，老师做得好与坏就这样了？我的看法是与其干等着到点检查，不如和老师一起共同完成。事实上，老师即使再不乐意，看到领导和自己一起去干，也会把分配的任务当成自己的事情，尽心竭力地把它做好。我布置的工作，需要达到什么效果我最清楚，所以我就要干在前面。老师职责范围的事应该是他的事，可现在我们一起干，我是主人翁，老师也是主人翁，这样一来，什么事情都好解决。领导、老师、学生，每一分子都把学校当成自己的家，当学校出现任何一件事情，每个人都是主人翁，所有的事情就都好处理了。

怎样才能让学校的每一个人都自发成为主人翁呢？不靠说教，不靠制度约束，而是靠每一个人的行为，每一个行为的影响力。从我开始，我要让老师做到的，我先做到；我要让学生做到的，我先做到。看到地上的纸屑，我会轻轻地弯下腰拾起，

你从此不会装作没看见；互相见面，学生主动问好，我也会低下身子说"同学你好"……总之，要求老师做的事情，我会带头做在前面。你影响着我，我影响着你，整个学校就在这样一个巨大的"场"中铸就教育的影响力。

第四章 管理服务故事

服务故事之吃好，看好，心情好

——李振杰

我们八中京西附小要培养"博贯中西博古今，闻达内外雅未来"的人才，而我们后勤服务保障中心就是要做好坚强给力的后盾。现在讲一下我的服务小故事。

每周四我要负责一年级（1）班学生的用餐。面对着这群六岁多的小学生们，让我既高兴也有顾虑。学生天真的面庞，稚嫩的话语让所有人都很怜爱。但他们能自己就餐吗？果然，现实情况是：餐盘、碗筷、勺子满地滚。

既然就餐问题出来了，那么教育的机会也来了。我们的目标有了：让学生自己就餐，保证吃饱，保证光盘，保证不浪费。

有的菜品是按个头的,例如炸鸡柳,如果前面的学生随便盛,后边的学生就没有了,造成前面的学生吃不了,后边的学生没得吃。我的办法是告诉学生每人要盛两个,保证每个学生都能吃上。有的学生挑食,不吃青菜或者不吃肉,如果发展下去,学生会营养不良。我的办法是每样菜品都要盛,不爱吃的菜品可以少盛点,吃的时候搭配着来,一口好吃的,一口不爱吃的。

学生盛粥或者汤的时候也有问题,盛得太多,总是会撒汤漏水,喝的时候也要等待很久。我告诉学生每次只要盛一勺就好了,这样速度快,好端,还容易凉。我每次负责看餐时都会反复强调,不够吃可以再盛,但是一定不要浪费。

学生吃饭的速度也是有天壤之别。有的狼吞虎咽,风卷残云;有的慢如蜗牛,还"走走停停"。这两种吃饭方式都不好,我要求学生们充分咀嚼,专心就餐。一年级(1)班有一名学生叫郑杰夫,他总是边吃边玩,别的同学都吃完了,他还有一大半没吃,忍不住提醒他,可他也不往心里去。看他的脸庞很瘦,有可能是营养不足,因此每次负责看餐时我都对他格外留意,一看见他要东张西望就赶快提醒他,一看见他嘴不动也赶快提醒他……鼓励也是很有必要的,郑杰夫吃饭上有进步我就及时

第四章 管理服务故事

表扬,给他发小星星。

通过一学期的努力,一年级(1)班的学生们都能自己用餐了,不但能吃好,而且还能做到光盘。虽"善小"但我们百倍努力而"为之"。同时,保证学生有了物质营养的同时,我也要保证他们拥有精神食粮。

八中京西附小的图书不是躺在图书馆里沉睡,而是让图书飞起来:图书飞进了食堂,学生在就餐之余就可以开卷有益;图书飞进了教室,让学生们触手可及;图书飞进了课程教室,让学生们查阅参考。更可喜的是,学生和老师自己也出了绘本图书的之一,之二,之三……

学校要把学生们放在书的海洋里,让他们自由地徜徉。老师们开发课程也要用到大量的参考书,我的工作就是保证让学生们、老师们及时拿到需要用的书。有的老师用书量大,我们就主动帮他们搬到办公室。

微笑、点头、遥招手等各种友好的示意在学校校风建设中尤为重要。我们值班的老师要值好夜班,第二天早晨还要迎接学生们来上学。每个学生都是可爱的,如果每个学生都学会主动打招呼那就更加可爱了。有些学生特别主动,看见老师就喊

"老师好",有些学生会向老师挥手致意,有些学生不好意思只是匆匆一瞥。能主动问好的学生我回应他们一个微笑,点头以示嘉许。不能主动问好的学生,我会主动向他们招手以示欢迎。渐渐地,主动打招呼的学生越来越多了,就连赵子畅同学都能回应一下。

美国心理学家、行为主义心理学的创始人华生认为,人类的行为都是后天习得的,环境决定了一个人的行为模式,无论是正常的行为还是病态的行为都是经过学习而获得的,也可以通过学习而更改、增加或消除。按照华生的理论,虽然微笑、点头、遥招手只是简单的动作,但是传递的是老师对学生的关怀,建立的是人与人之间互相尊重的关系,是我们这个国家作为礼仪之邦的礼仪传承。这样做还有一个好处,那就是让师生之间有一个好的心情。我们后勤服务保障中心的人员会坚持这样做下去,而这也正符合"勿以善小而不为,勿以恶小而为之"的做人准则。

总之,我们后勤服务保障中心的人员,每天会积极向上地工作,不求最好,只求更好。我们甘心为八中京西附小的学生们和老师们做坚强给力的后盾,让大家吃好,看好,心情好。

第四章 管理服务故事

我为一线"保驾护航"

——李全来

我是一名普通的老师,在学校后勤战线工作了 24 年了,负责学校人事学籍资产管理工作,同时肩负着服务领导、服务老师、服务学生、服务学生家长的多重工作。我希望自己能在这个平凡的工作岗位上发挥不平凡的奉献精神,工作中有苦有累,有成功有喜悦。我希望自己能够快乐地工作,享受美好的生活。

记得有一次,我带着大学生的档案正骑车奔驰在路上,突然天空下起了小雨,前不着村后不着店,这下可急坏了我,万一档案被雨水打湿麻烦就大了,将会造成无法挽回的损失,涉及大学生的切身利益。为了不让档案被雨水打湿,我先用塑

料袋把档案包裹好,还不放心,又把档案放在自己怀里用衣服遮挡,骑着自行车急速飞奔。路上雨点打在头顶和脸上,雨水顺着额头流下,我一边又用手抹着雨水,一边护着怀中的档案,拼命蹬着车。等到了家里,雨水和汗水已经把衣服浸湿了,但怀里的档案却完好无损,一点也没淋到雨,心想真是谢天谢地,总算把一颗揪着的心放下了。这就是我的工作和生活常态。

　　工作带给我的不仅仅是一份工资收入,也不仅仅是为了生存而不得不去做的乏味的工作,工作带来的人生意义远远比这份工资要多得多。来到八中京西附小,这所学校赋予我的人生一种崭新的意义和追求,就像自己的人生终于有了着落,终于回到家的感觉一样。我在这个团结协作、积极向上的后勤保障服务团队里快乐、奋进、发展,这就是工作的乐趣。看到教室里一排排的课桌椅,食堂书架上摆放整齐的图书,四层楼的脚踏车……这些都付出了我们辛勤的劳动和汗水。这是工作的需要,也是学校资产统一调配的职责,我保持着积极向上的工作热情,无怨无悔,任劳任怨,我为自己是学校后勤保障的服务人员而感到骄傲!

　　办公地点已不再仅仅是办公室,楼道间、风雨操场、食堂、

第四章 管理服务故事

地下室、车库、操场，校园里的每一处都留下了我们的足迹。早晨校门前站岗执勤，课间巡视学生活动情况，晚上下班后巡楼已成为工作习惯。对于发现的问题，必须想办法解决。每逢学校举办大型活动，我们身先士卒，搬桌子、摆椅子、布置会场，哪里的活最脏、最累，哪里就有我们。全力支持学校的教育教学，默默无闻地为全校师生保驾护航，做好服务保障。正如校长所说："后勤人员要流动办公，不要整天待在办公室里。"

作为资产管理员，对学校资产要一门清，既要管好资产，又要当好师生的勤务员。只要是教育教学需要的物品，我都给予极大的支持。无论学科用具，还是办公用品，只要是学校和老师的急用，我都热心地尽量满足。在工作中，做到管理育人，服务育人，为教学一线服务，为师生们的生活服务。每一次开学前，我和同事们都要提前一周来到学校，调整办公室，调试课桌椅高度，清扫卫生，采购办公用品，为新学期开学做好一切准备；每到学期结束，老师们休假，我们还要在学校清点各屋的资产。吃苦耐劳，任劳任怨，踏踏实实是我们的工作作风。

学籍管理工作是一项细致而政策性很强的工作，对于新建校每年的招生工作，既要严格按照招生政策执行，又要做好对

家长的宣传解释工作,家长的咨询电话不分昼夜打来,有时尽管是深夜我们还要耐心解释。在招生工作中,要求我们细心审核材料,对符合入学条件的适龄儿童进行网上录取,开学后还要对新生在学籍管理信息云平台里进行注册、分班,组织各班给学生照相,进行照片采集,制作学籍卡和证件卡,保证一个月内学籍卡发放到学生手中,对上一年级学生进行刷卡注册,同时做好学年初学籍报表统计工作。

在这平凡的工作中,我不断努力完善自我,高标准、严要求,面对繁杂的后勤服务保障工作,始终树立全心全意为人民服务的宗旨,始终保持乐观积极的工作作风,老老实实做人,踏踏实实做事,为学校的发展,为一线的老师们服务,当好学校后勤服务保障兵。

第四章 管理服务故事

"数字责任"重于泰山

——张春红

进入八中京西附小已经一年有余了,这里成为我服务的家。我在平凡的工作中默默地服务于老师、学生,这里没有曲折的故事,只有枯燥的数字和心中的责任。

每月10号左右,公积金、电费、水费都要上缴,再顺便到银行报销现金、存转账支票,有时赶上学校校车有事不能随行时,就需要合理安排路线了。我需要到达的地点在两个车站中间,坐公交车很不方便,再加上等公交车的时间很不划算,所以我就步行。早晨8点钟到核算中心办业务领取支票,然后一站一站地往下进行,其他地方还好,走过去排队等待叫号的时候可以歇歇。但是银行对公窗口需要站立排队等候,取现金、

存现金、存支票都是不同的窗口,需要单独排队,取现金排半个多小时,存支票也是如此,赶上年根岁尾,或上级安排集中办理某件事的时候,更需要耐心等候了。比如补交党费的时候,就排了两个多小时的队伍,最后还是银行又另行开了一个窗口办理才算完成。有的时候,一圈业务办理下来已经过12点钟了,坐941赶到学校也吃不上午饭,就在外边对付着吃点。有时候自己也调侃自己一下:"移动办公,健步121完成,一举两得,哈哈!"

我的工作与老师们的切身利益息息相关,不敢有些许疏忽。9月30日下午,进入了"十一"休假的节奏,我要赶在"十一"之前为新入职老师办理完社保增员,之前已经做了很多准备工作,人保大厦来了好几趟了,今年由于暑假期间根据上级要求全员加入养老保险,新入职人员增员办理与往年改变较大,于是在办理过程中又出现了问题。社保大厅系统报告学校编制数已满,不能增加新人,如要增加新人需要编制增加的相关文件,文件去哪里找,他们也不知道,真的犯难了。与全来老师取得联系后,我打车来到教委人事科,与他们详细说明情况,请他们给开具一个相关文件证明。他们也很无奈,开完证明后一再

第四章 管理服务故事

叮嘱我,说这个只能办社保增员使用,不能做他用,使用完后还要交回人事科。我很感谢他们的帮助,回到人保大厦,经过一系列手续终于完成任务,长舒一口气。照了一张人保大厦的照片发了一条微信,抒发自己的心情。学校领导看见了,对我道声"辛苦了",我感到心里很温暖。

报账员工作有其特殊性,它与地税局、银行、公积金、社保所、供电公司、自来水公司、财政局等多个部门联系,不因为学校放假而放假,该办理的业务仍要办理。我明白这个工作需要自己肩负的责任,我只愿自己默默地付出,一路前行,做好服务。

做全能后勤服务保障兵，我随时待命

——殷红忠

来到八中京西附小的人们，看到校园里面绿树成荫，到处盛开着美丽的花朵，看见装有围栏的塑胶操场、整洁明亮的教室、完备的教学设施和漂亮整洁的餐厅、功能齐全的风雨操场，这些都会让他们眼前一亮，不由得感叹学校环境的美好。

说起校园的变化，我的心里总有一种无限的喜悦。我是一名共产党员，现任八中京西附小后勤负责人。建校以来，我一直牢记自己的责任和使命，把绿化、美化、净化、亮化校园，奉献、服务师生作为工作宗旨，从后勤小事做起，一心一意扑在学校工作上，为大家营造了良好的学习生活环境，受到了大

第四章 管理服务故事

家的称赞。

创建"花园式"校园是展示学校精神风貌的重要工作，而美化校园的重任就落在了总务处的头上。为此，我和校长、教委房管所、工程中心等部门的同事们经常在下班后、休息日研究学校的绿化方案。春季，我与绿化施工队远到河北去挑选树苗；春夏两季，我跟着他们种植树木花草、修枝剪叶，使校园春意盎然，花朵飘香；秋冬季节，天气寒冷，我们要为树木搭建风挡，给小树缠裹布带使其安全过冬。看着这些花草的生长态势，看着学校环境日新月异的变化，能把校园装扮得一天比一天美，那种幸福感是什么都比不上的。

后勤这个岗位，就是为学校的教学提供优质服务，保障学校各项工作的顺利开展。我每天都会巡视一遍校园、教学楼，发现问题及时解决，做到防患于未然。在我的时间表上，从来没有固定的作息时间，没有节假日，只要学校有事，只要师生需要，我就会随叫随到。

去年暑假，7月20日那天下了特大暴雨，学校北楼的地下室灌进了雨水，我和其他两位同事不顾全身湿透，硬是一桶一桶地把积水掏干，修好了管道，保护了学校的财产。

有一天晚上,我在安全巡视时听见风雨操场的厕所里面有"哗哗"的流水声,进去一看发现是水管坏了,可当时负责维修的同事们已下班回家。怎么办?为了不浪费更多的水资源,不造成更大的损失,我立刻找来扳手,自己动手修好了水管。

一分耕耘,一分收获。希望在我和大家的努力下,八中京西附小会越办越好。

后 记

　　实施素质教育，依据社会与人的发展的需要，开发少年儿童的智慧潜能，培养少年儿童的精神力量，促进少年儿童生动、活泼、健康地成长是现代老师的首要职责。为此，小学老师要通过教育使少年儿童形成良好的个性品质，掌握扎实的基础知识、基本技能与基本能力。在这方面，北京八中京西附属小学的老师们做出了榜样。

　　榜样的力量是无穷的。当代小学老师要以北京八中京西附属小学的老师们为学习榜样，打好小学生们身心健康成长的基础，为他们脑力和体力的发展创造有利的条件；打好进一步学习或终身学习的基础，使小学生们在今后能不断地主动去获取知识；为小学生们走向社会打好基础，使他们了解社会、了解

他人、了解自己在社会中的地位和责任，使他们具有一种社会责任感。只有这样，才能无愧于老师这个"太阳底下最光辉的职业"！

刘亚丽